Verlag: BoD · Books on Demand GmbH, Überseering 33,
22297 Hamburg, bod@bod.de
Druck: Libri Plureos GmbH, Friedensallee 273, 22763 Hamburg
ISBN: 978-3-8192-7634-7

Originalausgabe

Lyrische Hymnen über unsere Götter und Göttinnen

Gaia

Rette uns, Mutter der Erde.
Gaia!
Große Erdgöttin.

Wir stehen am Abgrund
Und brauchen dich.
Ich rufe dich mit diesem Gedicht.
Sende uns ein Licht
Und führe uns.

Gaia! Mutter.
Herrin des Landes.
Hüterin der Herzen.

Führe unsere Herzen.
Sei unser Geleit.
Für dich wollen wir kämpfen,
Für deine Heilheit.

Wir ehren sie für immer!

Götter ehren
Und sie erheben.

Göttinnen lieben
In vollen Zügen.

Die Himmel preisen
Und himmlisch speisen.

Mystische Schätze
An geheimen Plätzen.

Das alte Ritual
Als heiliger Gral.

Göttliche loben
Und die Hohen.

Sie zu ehren,
Ist unser Leben!

Göttin des Heims

Gepriesen seien die Göttinnen
Der Familien.

Gepriesen seien sie für die Bande,
Die sie knüpfen.

Gepriesen seien sie für das Erbe
Der Generationen.

Gepriesen seien sie für die Liebe,
Die wahrer ist als Sex und Geld.

Gepriesen seien sie für den Wert,
Der das Leben lebenswert macht.

Gepriesen seien sie für die Abende
In trauter Verbundenheit.

Gepriesen seien sie für die Wehen
Des neuen Lebens.

Preisungen und Ehrungen

Wer die Göttin preist,
Der weiß um ihre Schönheit.

Wer den Gott ehrt,
Der wird sehr
Viel Ruhm ernten.

Wer das Göttliche anerkennt,
Der wird nicht brennen
In seiner eigenen Dummheit.

Wer die Göttin liebt,
Der wird viele
Freunde finden.

Wer den Gott lobt,
Wird an heilige Orte
Der Sehnsucht gelangen.

Wer das Göttliche lebt,
Wird sich erheben
In Glück und Muse.

Wer mit den GöttInnen ist,
Der wird erklingen
In endlosen Himmeln.

Oh, Göttliche

Oh, Göttin der Erde
Führe unsere Menschenherde
In eine bessere Zeit.

Oh, Göttin der Nacht
Verleih uns die Kraft,
Mit vollem Herzen zu lieben.

Oh, göttliche Sonne
Eröffne die neue Epoche
Des fließenden Wassermanns.

Oh, Götter der Wälder
Und Götter der Felder
Seid uns ein grünes Bett.

Oh, Götter der Medien
Lasst uns die Welt sehen,
Um inspiriert zu werden.

Oh, göttliche Lichter
Macht uns zu Dichtern
Und wir werden reimen,
Um euch zu preisen.

Dank an die Wahren

Ich danke euch Göttern,
Dass ihr über uns wacht.
Ich danke euch Göttern
Für die vielen Chancen.

Ich danke euch Göttinnen
Für die Wunder der Natur.
Ich danke euch Göttinnen
Für die Liebe in der Welt.

Ich danke nicht dem Gott,
Der Verbot an andere Götter
Und Göttinnen zu glauben
Und alle versuchte umzubringen,
Die es trotzdem taten.

Ich danke euch Göttern
Für die Gabe meiner Stärke.
Ich danke euch Göttern
Für euer inspirierendes Vorbild.

Ich danke euch Göttinnen
Für die Kraft meines Herzens.
Ich danke euch Göttinnen
Für jedes neue Erdenkind.

Ikarus und Phönix

Viele Autos.
Viele Frauen.
Nasen pudern und
Alkohol in Massen.
Wir alle hatten das oder
So was ähnliches.
Dann stürzten wir ab.

Wie Ikarus in Griechenland.
Viele schlugen hart auf.
Viele brannten aus.
Viele sind nur noch Hüllen.
Alle, die wieder aufstanden
Und sogar heller strahlten als zuvor,
Haben es mit Spiritualität geschafft.

Wir verbrannten und
Standen auf wie ein Phönix.
Wir fielen tief in ein bodenloses Loch
Und landeten wie eine Katze
Auf unseren Pfoten.

Wir hatten Glück
Und danken der Göttin
Des Glücks.
Wir haben verstanden,
Wir bekamen eine zweite Chance.
Dankbarkeit ist spirituelle Reinigung.
Danken wir der Göttin!

Über-Universell

Götter über der Welt.
Götter über vielen Welten.
Götter, die Welten wie unser Universum
Kommen und gehen sahen.

Göttinnen, die alle Wesen lieben,
Selbst wenn es Zillionen sind.
Göttinnen, die uns Liebe schenken,
Als wären wir das einzige Wesen.

Götter und Göttinnen
Jenseits unserer Dimensionen.
Göttinnen und Götter
Reisen zwischen Welten.

Preisen wir die,
Die über das Universum erhaben.
Preisen wir die,
Die Welten kommen und gehen sehen.
Preisen wir die,
Die unsere goldenen Herzen lieben.

Unsere Muttergöttin

Die Muttergöttin manifestiert
Sich in jeder Mutter.
Ehre deine Mutter,
Um sie zu ehren.

Sei der Sohn deines Blutes.
Sei der Sohn der Welt.
Sei das Kind der Göttin
Und ehre ihren Namen.

Muttergöttin.
Oh Muttergöttin.
Große heilige Mutter
Manifestiert in jeder Mutter.

Mutter. Mütter.
Muttergöttin und
Gesegnete Kinder.

Fanfarenfeuer

Blase die Fanfare
Und singe der Götter Namen.
Schlage die Trommeln
Und lass die Zunge rollen
Zu Ehren der Göttinnen.

Wir preisen die Heiligen.
Wir preisen die Hohen.
Wir preisen die Himmel
Aller göttlichen Wesen.

Wir ehren und
Wir begehren ihre Aufmerksamkeit.
Denn wir lieben sie
Und wollen sie spüren.

Blast die Fanfaren.
Schlagt die Trommeln.
Singt die Lieder und liebt
Unsere Göttinnen und Götter.

In der Welt muss jeder bestehen,
Aber sie gaben uns Kräfte,
Um zu leben, um zu triumphieren
Und um sie zu verehren.

Naturschauspiele

Der Mond scheint.
Die Sterne strahlen.
Am Weiher und in Hainen
Spielen die Naturgöttinnen.

Unsichtbar für die Menschen.
Unspürbar für alle Technologien.
Sie sind frei und unbedarft
Und immer da.

Die Natur tanzt,
Sie ist der Göttinnen Gewand.
Die Natur klingt,
Weil Göttinnen Lieder singen.

Das Land ist frei
Und wird es immer sein.
Es wurde geweiht und
Kein Zaun wird es versklaven.

Ein neuer Schlag
Auf die magische Trommel.
Die Göttinnen tanzen
In Meeren, Bergen und Wiesen.

Göttliche Nahrung

Nähre die Götter
Mit Liebe und vielen
Gebeten.

Nähre deine
Spirituelle Seele
Mit Götterliebe.

Nähre dein Herz
Mit den Werten
Der Göttlichkeit.

Nähre deine Familie
Und diene ihnen
Im Namen der Göttinnen.

Nähre deine
Freundschaften mit der
Kraft der Götter.

Nähre die Welt
Mit den Namen aller
Götter und Göttinnen.

Mayas Netz

Maya O Maya.
Göttin des Schleiers.
Göttin des Netzes.

Jeder Knoten ist ein Stern.
Unsere Seelen sind Sterne
In Mayas Netz.

Mayas Netz
Folgt dem alten Gesetz
Des Karmas.

Aber Maya ist nett.
Sie nährt uns und
Behütet uns.

Maya O Maya.
Göttin des Schleiers.
Göttin des Netzes.

Sieh durch den Schleier
Und feiere die Wahrheit,
Die sich dahinter offenbart.

Meine Göttin

O Göttin mein.
So soll es sein.

O Göttin mein.
Ewig will ich dir
Dankbar sein.
Du sahst in mir,
Was keiner sah und
Jetzt wird es wahr.

O Göttin mein.
Ich lasse dich in mein Herz
Und dort sollst du bleiben.
Denn ich liebe dich.

O Göttin mein.
Du bist mein Heim.
Du bist mein Licht.
Du bist das lachende Gesicht
In allen Bäumen, Wolken,
Meeren und Bergen.

O Göttin mein.
Ich will bei dir bleiben!

Göttliche Harmonie

Der Ruf der Natur
Ist der Ruf der verborgenen Göttin.
Sie wirkt mit Magie
Und spielt das Spiel
Mit ihrem Mann dem Himmelsgott.

Das göttliche Spiel
Ist die Harmonie, die du spürst,
Wenn du in die Natur gehst.

Ihr Spielplatz wird zu betoniert.
Das Gewand aus Beton und Stahl.
Damit stirbt die Harmonie
Und unsichtbar wird für uns
Ihr göttliches Liebesspiel.

Viele kämpfen für die Harmonie
Der heiligen Göttin.
Sie ernähren sich aternativ
Oder vegan und fahren
Nur noch Bus und Bahn.

Denn es gibt noch Hoffnung
Auf die Magie der Harmonie
Des göttlichen Spiels.

Zufallsgöttin

Begegnungen.
Aus dem Nichts.
Rein zufällig
Oder vorherbestimmt?

Wählt die Göttin des Zufalls
Die Begegnungen?
Erschafft die Göttin des Zufalls
Ein Netz an Möglichkeiten?
Will die Göttin des Zufalls
Uns etwas damit sagen?

Begegnungen.
Überschneidungen.
Einschneidende Erfahrungen.

Die Göttin des Zufalls
Sendet ihre Zeichen.
Der Göttin des Zufalls
Kinder sammeln sich
In ihrem Inneren, um
Die Göttin des Zufalls zu verstehen.

Ein vergessener Tempel
Im alten Griechenland
Birgt ein altes Geheimnis.

Unsere geliebten Göttinnen

Ehre der Göttin,
Die über die Geburten wacht.
Ehre der Göttin,
Die über das Heim wacht.
Ehre der Göttin,
Die die Liebe schützt.
Ehre der Göttin,
Die uns zuhört,
Wenn wir traurig sind.

Die Macht der Göttin
Besteht aus Sanftheit.
Ihr Wesen ist tiefes Verständnis
Und warmes Mitgefühl.

Die Göttin fängt uns auf,
Wenn all unser Vertrauen
Den Bach runtergegangen ist.
Die Göttin gibt uns Halt,
Wenn emotionale Macht in uns
Wunden geschlagen hat.
Die Göttin hält uns warm
Mit sinnlichem Charme
In der Nacht und am Tag.

Göttlicher Schrei

Wir preisen euch
Götter der Erde.
Wir preisen euch
Göttinnen des Himmels.
Wir preisen eure
Göttlichkeit in diesen dunklen Zeiten.
Möge euer Licht uns leiten.

Wir verlieren den Frieden.
Wir verlieren den Wohlstand.
Aber in all dieser Zeit
Hatten wir euch vergessen
Und unser spirituelles Herz verloren.
Jetzt in der Not
Sollt ihr wieder unser Los
Sein. Doch diesmal soll es das bleiben,
Auch wenn die guten Zeiten wiederkehren.

Wir rufen euch
Göttinnen der Herzen.
Wir lieben euch
Götter der Natur.
Wir ehren eure
Göttlichkeit millionenfach.

Wer erhört den Ruf
Unserer göttlichen Herzen?

Segen

Strahle Kind.
Lebe mit dem Wind.
Sei der Göttlichkeit Beweis,
Dass Glück möglich ist.

Lebe frei
Und verbreite Frieden.
Lache frei
Und sei der Sonnenschein.

Sei der Traum
Aus tausend Leben.
Lebe das Leben
Der realisierten Vision.

Wage dich,
Dein Selbst anzunehmen
Und bete für den Frieden
Aller Wesen.

Lass Glück
Jeden Schritt sein.
Sei das Kind
Wahrer Göttlichkeit.

Sonnenstunde

Wenn die Sonne scheint, verändert sich etwas in uns.
Ihre Kraft ist unbeschreiblich. Seit über hunderttausend
Jahren sehen wir hinauf und genießen ihre Strahlen.
Wir ergötzten uns und bauten einen Götzen, aber nicht
um sie zu vergessen. Sondern, um ihr noch näher zu
sein. Unsere Liebe ward grenzenlos und wir zu Kindern
der Sonne.
Gottgleich sehen wir sie. Denn Götter sind Schöpfer.
Wer schuf das Leben auf Erden, wenn nicht sie? Wer
nährt die Wesen mit strahlender Magie, wenn nicht sie?
Wer ist der Gärtner liebender Herzen, wenn nicht
sie?
Sieh hinauf! Folge dem Sonnenlauf. Ihr Kreisen gilt dir,
weil du ihr Kind bist. Ihre Strahlen dienen dir und
wollen dich wärmen.
Die grenzenlose Macht der Sonne übersteigt die
Wahrheit jedes irdischen Buches. Sie besitzt das
Schaffenspotential.

Ehret sie!

Ich ehre den Gott
Zu meiner Rechten.
Ich ehre die Göttin
Zu meiner Linken.

Ich ehre die Götter,
Die über mich wachen.
Ich ehre die GöttInnen,
Die mich beschützen.

Ich ehre die Göttin,
Die mein Haus schützt.
Ich ehre die Göttin,
Die mein Kind schützt.
Ich ehre den Gott,
Der meine Familie schützt.

Ich ehre die Göttinnen
Und Götter der alten Zeit.
Ich ehre die Göttinnen
Und Götter der Gegenwart.
Ich ehre die Göttinnen
Und Götter der Zukunft.

Sonnenwelt

Der Sonnenschein
Lässt dich nicht allein.
Die Sonne wird für dich
An jedem deiner Tage scheinen.

Die große Göttin am Himmel
Trägt die Macht, die das Leben
Auf Erden erschaffen hat.

Sieh und spüre.
Sieh dein Selbst in ihrem Wirken.
Sieh und danke ihr durch
Grenzenlose Liebe zu allen Wesen.

Der Hass der Welt gebiert
Aus der Leugnung ihrer Göttlichkeit.
Sie schenkt uns genug Energie,
Sodass wir nie eine andere bräuchten.
Aber wir leugnen, statt zu preisen.

Ehret die Sonne,
Indem ihr all ihre Kinder liebet.
Liebet ohne Grenzen und
Das Paradies wird kommen.

Danke Göttin!

Ein Leben ohne meine Göttin
Wäre ein trauriges Leben.
Ich will sie ehren
Und ihr zu Ehren
Nach den Sternen streben.

Ein Leben mit meiner Göttin
Ist wie das reale Paradies.
Ich genieße jeden Tag,
Den sie bei mir ist.

Ich rufe ihren Namen laut
In meinem Herzen
Und schreie es raus,
Dass ich ihr gehöre.

Meine Göttin ist mein Leben.
Meine Göttin ist mein Licht.
Meine Göttin ist das Glück
Meines Lebens.

Ein Leben ohne meine Göttin
Wäre grässliche Dunkelheit.
Ein Leben mit meiner Göttin
Ist das Paradies reiner Liebe.

Göttliche Klänge

Eine Musik spielt
In den Himmeln
Der Götter und Göttinnen.

Die göttlichen Klänge
Wollen uns aufwecken
Und uns Liebe schenken.

Göttliche Trommeln dröhnen.
Göttliche Synthesizer verwöhnen.
Göttliche Violinen spielen
Und der göttliche Bass slapt.

Eine heilige Musik erklingt
Und verkündet den Beginn
Des goldenen Zeitalters.

Wunderschöne Klänge
Und himmlische Gesänge
Ertönen in den irdischen Wänden
Und heilen uns Menschen.

Die göttliche Musik
Offenbart den Weg zum Sieg.

Ehrt alt und neu

Ehrt die alten Götter,
Denn sie sind die neuen Götter
Und weihen die neuesten Götter ein.

Die alte Zeit und die neue Zeit
Gehen endlich Hand in Hand.
Die Freiheit öffnet der Gemeinschaft
Aller Götter die Tür.

Ehrt die alten Götter
Und ehrt die Göttinnen.
Lasst euch eure Liebe
Zu vielen Göttern nicht nehmen.

Glaubt, als ob es keinen Morgen gibt,
Denn ohne euren Glauben
Gibt es keinen Morgen.

Ehrt die alte Welt
Und ehrt die neue Welt.
Sagt nicht, ihr seid das Alte.
Sagt nicht, ihr seid das Neue.
Sagt, ihr seid beides
Und die Synthese beider Welten.

Vergesst die mittlere Zeit
Und ihre heiligen Bücher.
Den Zugang zu wahren Göttern
Findet ihr nicht in gedruckten Buchstaben.
Glaubt und ehrt sie wieder
Als freie Kinder der Natur.

Geliebte Göttin

Meine Göttin.
Mein Stern.
Meine spirituelle Sonne.
Mein Herz.

Mein Leben
Spende ich dir.
Mein Streben
Opfere ich unserem Traum.
Meine Liebe gehört dir.

Meine Göttin,
Du verwandeltest mein Leben.
Meine Göttin,
Du rettetest mein Leben.
Meine Göttin,
Du verbessertest mein Leben.

Meine Göttin strahlt hell
Am Horizont meines kleinen Lebens.
Sie ist die Sonne, der Mond und die Sterne.
Sie ist mein Himmelszelt.

Mein Sehnen strebt
Ihr entgegen.
Meine Liebe nährt Triebe,
Um Kunst zu vollführen.

Jeder Tag mit ihr ist
Ein Schritt im Paradies.

Mondschein

Der Mond.
Mal rund. Mal halb.
Mal voll. Mal eine Scheibe.
Aber immer göttlich.

Heiliger Mond,
Der du scheinst jede Nacht.
Du hast uns Frieden gebracht.

Heiliger Mond,
Der du uns führst in der Nacht.
Du gabst uns Hoffnung
In der undurchdringlichen Dunkelheit.

Heiliger Mond,
Der uns am Himmel erscheint.
Du hörst dir unsere Sorgen an.

Wir lieben dich
Und ehren dich
Als unseren Gott in der Nacht
Und als Freund, der zuhört,
Wenn wir klagen.

Heil den Göttern

Die Götter sind
In den Herzen der wahren
Menschen nicht verschwunden.

Nie war ihr
Auge blind im Angesicht
Göttlicher.

Wir ehren
Und unsere Erben werden
Es weiterführen.

Wir rufen
Die Namen der Wahren
Und atmen.

Göttliche
Erleben das Leben
Auf Wegen.

Göttlicher Ruhm
Soll jedes Buch
Hören.

Göttlicher Rat
Ist reine Macht
Des Unausweichlichen.

Strahlende Gaben

Wir ehren die Wesen
Der göttlichen Sphären.

Die Krönung unseres Lebens
Ist die Verehrung.

Wir wollen sie preisen
Auf heilige Weisen.

Denn sie sind wahr
Und wir ihre Fürsprecher.

Über unserer Welt
Liegt ihre Welt.

Ihre Strahlen
Sind unfassbar.

Wir ehren die Göttlichen
Mit dem Höflichsten.

Wir liebem die Himmlischen
Mit Übersinnlichem.

Wir nutzen unser Leben,
Um sie zu verehren.

Ehren, wandeln, beten

Ehren will ich
Die Götter und
Die alten Wege.

Ehren will ich
Die Liebe zu
Den göttlichen Welten.

Wandeln will ich
Auf von den Göttern gesandten
Heiligen Pfaden.

Wandeln will ich mich
Im Herzen zum
Wahren Anbeter.

Beten will ich
Zu Göttern und Göttinnen
An jedem Tag.

Beten will ich,
Dass sie mir Lehrer sind
Und Meisterin.

Tiefer Kotau

Ich werfe mich zu Boden,
Um die Göttinnen und Götter
Zu ehren.

Ich werfe mich zu Boden,
Um die Höchsten demütig
Zu ehren.

Ich werfe mich zu Boden,
Um die Allmacht des Universums
Zu ehren.

Ich werfe mich zu Boden,
Um die Sonne und die Natur
Zu ehren.

Ich werfe mich zu Boden,
Um das Gesetz der Liebe
Zu ehren.

Ich werfe mich zu Boden,
Um den heiligen Pfad
Zu ehren.

Ein goldenes Herz in der Waagschale

Unglaubliche Momente,
Wenn die Gottheit dich berührt.
Unvergessene Gefühle,
Wenn die Göttin ein Stück des Weges
Mit dir geht.

Sie sehen uns,
Wenn unsere Herzen
Golden schwingen.

Golden schwingen tun
Unsere Herzen, wenn sie
Zu reiner Tugend werden.

Wer den Gott sucht,
Soll ihn im Herzen suchen
Und nicht draußen in der Welt.

Das Göttliche wartet
Auf die wahren Jünger,
Die heilsam leben.

Wer Gott trotz allem suchen
Nicht findet, weiß, dass es an seinem
Nicht-goldenen Herzen liegt.

Erdgötter

Die Götter der Erde.
Sie sind die wahren Schöpfer
Und wir fühlen ihre Macht.

Die Baumgötter
Lassen die Blätter sprießen,
Die uns Luft und Schatten spenden.

Die göttlichen Berge
Beherbergen die Geheimnisse
Weitblickender Gottheiten.

Der Gott des Feuers
Tanzt mit feurigen Göttinnen
Und erhellt die finstere Nacht.

Durch die Wolken
Spielen die Götter der Lüfte
Mit den Gedanken der Menschen.

Die Götter der Meere
Und Ozeane tragen uns
Rund um den Globus.

Wir ehren die göttliche Erde
Mit reiner Liebe und dem Gefühl
Des Verbundenseins.

Heilende Gottheiten

Heilen
Durch das Anbeten
Unserer Gottheiten.

Während wir uns
Immer wieder
Zu Boden werfen, trainieren
Wir unsere Ausdauer.

Während wir uns
Nur auf unsere Göttinnen
Konzentrieren, können wir nicht
Ungesunde Sachen tun.

Während wir uns
Niederknien, reinigen wir
Unseren Geist durch Heiligkeit.

Während wir uns
An sie wenden, öffnen
Wir unser Herz und heilen
Durch die Kraft der Offenheit.

Während wir uns
Betend an sie wenden,
Geht ein Regen aus magischer
Heilkraft über uns nieder.

Während wir uns
An sie wenden, begreifen wir,
Dass es ein Leben nach dem Tod gibt
Und höhere Welten auf uns warten.

Traumtanzen

Ein kleiner Traum
Eines kleinen Jungen:
Zu tanzen mit seiner Göttin
Im lila Sonnenschein.

Mein Herz träumte,
Aber weit entfernt
Sind die Lebensräume
Von Menschen und Göttern.

Ein kleiner Traum,
Den ich im Herzen trage.
Es ist ein Traum, zu vertrauen
Auf die geliebte Göttin.

Mein Herz gehört ihr
Und ich tanze mit ihr
In göttlicher Harmonie
Zu himmlischen Klängen.

Ein kleiner Traum
Trägt mich zu dem
Alten Kirschbaum.
Ich setze mich hin und lächele.

meine Göttin

Göttin mein
Erscheint in strahlend
Lila Sonnenschein.

Göttin mein
Zeigt mir den Weg
Ins spirituelle Heim.

Göttin mein
Lehrt mich den Wert
Eines freien Herzens.

Göttin mein
Tadel mich,
Wenn ich fehlgehe.

Göttin mein
Wird bleiben,
Göttliche Liebe hält.

Göttin mein
Sei mein Gebet
Bis zum letzten Atemzug.

Das Alte heilt

In dem Glauben
An die alten Götter und Göttinnen
Steckt Hoffnung.

Wir sind
Verlorene Kinder
Des mittleren Zeitalters.

Wir sind
Zerrissene Seelen wegen
Des mittleren Zeitalters.

Der alte Glaube
An die ersten Götter und Göttinnen
Der Menschheit schenkt Vertrauen.

Die neue Zeit
Wird uns nur heilen,
Wenn wir Wurzeln haben.

Der alte Glaube
An die wahren Götter und Göttinnen
Ist die Wurzel der ganzen Menschheit.

Das Neue ist das Alte,
Denn das Mittlere war
Der Feind der Menschheit.

Der Göttin Wacht

Samen der Zeit
Sind weit gereist.
Ein kleiner Planet
Am Rand des Sternennebels.

Die Göttin wacht
Mit alter Macht.
Der Mensch erkennt,
Wer ihn trägt und er verehrt.

Ohne göttliche Macht
Würden wir schmachten
Und uns sehnen nach den Wesen
Der höheren Sphären.

Die Göttin des Himmels
Findet dich im Gewimmel
Der Milliarden Menschen
Und hilft dir zu kämpfen,
Für das, was dein Herz braucht.
Denn so ist es Brauch
Seit Urzeiten im Menschenlauf.

Ein kleiner Same
Reift zum großen Manne.
Ein kleines Lied
Wird zu einem wunderschönen Mädchen.
Die Göttinnen säen und weben.

Die Verehrenswerten

Göttlichkeit
Ohne Heimlichkeit.
Offen dazu stehen,
Dass wir sie verehren.

Zehntausend Jahre
Erbrachten wir die Gabe,
Um die Götter zu ehren.
Dann wurde es uns vom
Buchglauben verwehrt.

Heute beginnen
Wir, uns wiederzufinden.
Wir erkennen, dass unsere Götter
Das wahre Wesen unseres Lebens sind.

Wir ehren die ehrenwerten
Götter und Göttinnen.
Wir rufen ihre Namen und tragen
Die Liebe zu ihnen im Herzen.

Unsere Sehnsucht

Wir leben,
Um die Götter
Zu ehren.

Sie schaffen
Mit göttlichen Waffen
Ein Paradies auf Erden.

Wir müssen
Nur warten, bis sie
Uns berühren.

Der heilige Dienst
Für Gott und Göttin
Ist der größte Gewinn.

Ihr Wirken können
Wir spüren in den
Irdischen Schichten.

Ihren Glanz
Zu sehen, ist der
Größte Schatz.

Wir lieben
Götter und Göttinnen und
Wollen zu ihnen ziehen.

Ich glaube

Ich glaube an die Höchsten.
Ich glaube an die göttlichen Wesen.
Ich glaube für den Rest
Meines irdischen Lebens.

Ich glaube, ihr findet Gott
Nicht in den Büchern.
Der Büchergott ist
Ein menschliches Hirngespinst
Und er macht Menschen krank,
Sodass sie sich gegenseitig totschlagen.

Ich glaube an die Göttin,
Die mir den Weg ebnet.
Ich glaube an ihre Führung
Und an ihre Liebe für alle Wesen.

Ich glaube an den wahren Glauben,
Der diese Erde ins Paradies verwandelt.
Ich glaube nicht, dass der Buchgott
Dazu fähig ist.

Ich glaube an Vertrauen
Und ich vertraue den Höchsten.
Ich glaube ans Gesetz der Liebe
Reflektierter Wesen.

Sternentänzer

Zu den Sternen.
Den fernen Sternen,
Wo Götter Wunder vollbringen
Und Engel erklingen.

Das endlose All.
Grenzenloses Universum.
Die Schöpfergötter schenken uns
Eine riesige Spielwiese.
In den Sternen sollen unsere Erben
Die Göttlichen verehren.

In den Sternen
Des endlosen Alls.
Kleine Monde kreisen
Auf ihre Weise und beglücken
Die Herzen in den Hexenküchen.

Unsere Sterne.
Die Muttersonnen.
Segensspenderinnen und Wärmequellen.
Hort der strahlenden Liebe,
Mit der sie alles Leben unterstützen.

Glauben

Ich glaube!
Ich bin ein Gläubiger.
Mein Glaube heilt, beschützt
Und führt mich.

Ich bin dankbar,
Glauben zu dürfen.
Ich bin frei,
Glauben zu dürfen.

Göttinnen und Götter
Und das heilige Gesetz.
Ich glaube an ihre Macht
Und Herrlichkeit.

Ich bin ein Gläubiger.
Ein Gläubiger bin ich.
Mein Glaube definiert mich.
Ich definiere mich über meinen Glauben.

Glaubt, was ihr wollt.
Ich glaube an die Göttlichkeit.
Ich glaube an die Zeit
Des Paradieses auf Erden.

Sternenbilder

Ehret den Himmel.
Sehet das blaue Zelt.
Spürt die Macht
Der Göttlichkeit.

Ehret den Mond
Und die große Muttersonne.
Sie wirken gewohnt,
Aber sind außergewöhnlich.

Wir tanzen auf Erden
Unter den Sternen.
Ihre Bilder sind Geschichten
Und lassen uns ausrichten.

Ehret die Sterne
Als Herde himmlischer Wesen.
Selbst als Symbole
Sind sie göttliche Throne.

Verehrt die Sonne
Liebevoller Wonne.
Spürt ihre Göttlichkeit
Und ihren Wunsch, Freiheit
Allen Irdischen zu schenken.

Göttliche Sphäre

Glaube
Und vertraue
Auf die Götterschau.

Sieh
Und fliege
In göttliche Gefilde.

Höre
Die Chöre
Der göttlichen Höhen.

Finde
Die Verbindung
Zu den göttlichen Kindern.

Ehre
Die Wege
Der göttlichen Sphäre.

Bete
Zum Streben
Nach einem gottehrenden Leben.

Wilder Tanz

Der Göttin Füße
Tanzen im Staub
Eines toten Planeten
Am Ende der Galaxie.

Göttliche Melodie
Erklingt in ihren Ohren
Und in Harmonie
Bewegt sie ihre Füße rhythmisch.

Der Göttin Schwung
Wirkt vollendet und frei.
Sie fliegt im Staub
Der Wüstenatmosphäre.

Jeder Tanzschritt
Ist eine Hommage
An die Göttlichkeit
Und jede Mutter Courage.

Der Göttin Anmut
Lässt mich beten.
Der Göttin Glanz
Lässt mich sie verehren.

Freudentaumel

Ein Freudenfeuer.
Taumelnder Gesang.
Freudentaumel.

Jeder Moment
Ist ein Geschenk,
Den ich an die Götter denk.

Jeder Augenblick
Ist Erkenntnis,
Dass sie hier mit mir sind.

Jeden Tag
Lebt ihre wahrhafte, wunderbare
Und einzigartige Macht.

Jedes Wesen
Muss mit ihnen gehen,
Um das göttliche Licht zu sehen.

Freude glimmt.
Ich fühle mich wie beschwipst,
Obwohl ich nüchtern bin.
Sie sind mit mir und
Ich ihr treues Kind.

Überall

Mitten in Afrika ehre ich
Die Götter und Göttinnen,
So wie ich sie in Europa ehrte.

Ob in Asien, Australien,
Den Amerikas oder Ozeanien,
Selbst in der Antarktis werde ich
Die Götter und Göttinnen ehren.

Würde ich fliegen
Zu tausend Sternen,
Ich würde sie ehren.

Würde ich schwimmen
In jedem Ozean,
Ich würde sie ehren.

Würde ich leben
Auf Mond oder Mars,
Ich würde sie ehren.

Würde ich fliegen
Mit den sieben Winden,
Ich würde sie ehren.

Sieh hin!

Wunder geschehen.
Hast du die Götter
Gesehen?

Sie sind immer da
Und sie sind wahr.

Wahrheit ist ihr Wesen,
So wie Wahrheit ohne sie
Uns nicht gegeben.

Das Bild der Welt
Niemals standhält
Ohne ihre Göttlichkeit.

Der Gott wartet,
Aber du haderst.

Du hast Angst
Vor der Schande,
Die Ungläubige über dich schütten.

Fürchte nicht.
Sieh ins Licht.
Alles ist göttlich!

Archaische Rituale

Steingötter.
Gemeißelt.
Goldener Glanz.
Gegossen.

Blut rann.
Der Gott blickt
Auf die ersten Tage
Einer Spezies.

Archaisch.
Brutal und gefährlich.
Stolz, unbeugsame Brust.
Gefesselter Bauch.

Welcher Gott
Sieht nicht das Gold
Einer besseren Zukunft
Für die Menschheit?

Sie ehren den Gott
Mit Unterwürfigkeit,
Opfern und Krieg.
Dabei ist Liebe alles,
Was der Gott sehen will.

Sonne über Ägypten

Gizeh.
Die Sonne scheint.
Ra.

Heiß.
Die Luft brennt.
Ra.

Die Gefühle
Kochen und küssen.
Ra.

Wüste.
Der Sand unter den Füßen.
Ra.

Gräber.
Pharaonen und Arbeitssklaven.
Ra.

Ra
Will einen Neuanfang.
Ra.

Göttliches Leben

Leben das Leben.
Lebe in vollen Zügen.
Sieh die Wunder der Natur.
Spüre ihren göttlichen Ursprung.

Die Magie der Nacht
Besitzt göttliche Kraft.
Wer mit ihr tanzt,
Wird frei sein wie der Wind.

Die Hoffnung der Geburt
Im mütterlichen Schoß
Wird begleitet von Gebeten
An die göttliche Allmacht.

Das Mysterium der Liebe
Im göttlichen Spiele
Bleibt unerklärlich
Selbst mit großer Weisheit.

Lebe dein Leben
Und lerne zu streben,
Denn die Götter wollen
Dich wachsen sehen.

Dank für Kraft und Wonne

Die Götter der Lüfte
Mögen mich beschützen,
Wenn ich im Flugzeug sitze.

Der Gott des Stahls
Möge mich bewahren,
Wenn ich über Schienen fahre.

Die Göttin der Sonne
Schenke mir Wonne
In guter und schlechter Zeit.

Die GöttInnen der Städte
Mögen mir große Kräfte
Verleihen.

Die Gottheiten der Erde
Werden mich zu meinem Erbe
Führen.

Die Göttin der Liebe
Säe Harmonie in allem Leben
Dieser irdischen Sphäre.

Not und Tod

Ich rufe
In dunkler Stunde
Die Götter zu Hilfe.

In einer ausweglosen
Situation sehe ich kein Licht
Und wende mich
An die Göttin.

An harten Tagen
Soll mich mein Glauben
Tragen.

Bei Rückschlägen
Soll mich mein Glaube
Führen.

Ob Krankheit oder Tod;
Egal, wie groß die Not.
Ich vertraue auf Gott
Und Göttin und ihre Größe,
Mich zurück ins Heil zu führen.

Ewig sei Dank
Mein Gewand.
Dank an Götter
Und Göttinnen.

In guten und schlechten Zeiten

Ehret die Götter
Auch an schlechten Tagen.

Ehret die Göttinnen
Auch in Dunkelheit.

Ehret die Gottheiten,
Auch wenn sie Warnungen schicken.

Ehret die Götter
Bei Krankheit.

Ehret die Göttinnen
Bei Verlust.

Ehret die Gottheiten
Bei schlechtem Wetter.

Egal, ob es gut oder schlecht,
Schön oder hässlich,
Einfach oder hart ist.
Ehret sie! Ehret sie! Ehret sie!

Einweihung

Was die Göttin ist,
Frage anfangs nicht.
Ehre sie und danke ihr
Für die Aufmerksamkeit,
Die sie dir schenkt.

Wenn du dich
Als würdig bewiesen,
Wird sie dich ins große
Mysterium einweihen.

Kein Gott lässt
Sein beschütztes Geschöpf
Jemals im Stich.
Sie kümmern sich.
Das macht sie göttlich.

Vertraue der Göttin.
Erkenne den Sinn.
Folge ihren Zeichen.
Sie wird dich leiten
Und dich einweihen
Ins große Geheimnis.

Die Göttin Mittelerdes

In der Mitte der Welt.
Rechts fließt das Wasser
Im Uhrzeigersinn.
Links fließt es andersherum.

Die Götter der Erde
Erschaffen diese Lehre,
Um die Menschen
Zu überraschen.

Die Götter des Nordens
Und die Götter des Südens
Treffen sich bei der Göttin,
Die in der Mitte ruht
Und alle versöhnt.

Die Götter zu ehren
Auf der Nordhalbkugel.
Die Götter zu ehren
Auf der Südhalbkugel.
Die Göttin der Mitte
Ehren wir mit freudigem Feuer.
Die Gottheiten aller Richtungen
Finden sich in der Mitte vereint.

Reine Liebe

Die Göttin lacht
Und ich tanze.

Der Gott gebiert
Und ich bin fasziniert.

Die Göttin schenkt
Mir weises Denken.

Der Gott erschafft
Eine bessere Variante.

Sie zeigen der Welt,
Was sie wirklich erhält.

Wir ehren sie
Für ihre Magie.

Denn Götter sind da
Und wunderbar war.

Denn Göttinnen sind
Manifestierte Liebe.

Wie damals, so heute

Ich ehre
Die ehrenwerten
Götter und Göttinnen.

Ihre Gestalten
Finden sich auf Zeichnungen
Der uralten Zeit.

Denn unsere Vorfahren
Wussten Bescheid und
Sie ehrten sie.

Heute gibt es Narren,
Die nicht verstehen,
Danke zu sagen.

Aber ich will
Die Göttlichen ehren
Und mein Leben widmen.

Denn ihre Taten
Bestehen aus magischen Gaben
Für ein besseres Leben
Aller Lebewesen.

Verstehst du die Götter?

Der Hammer des Thor
Dringt an dein Ohr.
Aber wirst du erhören,
Was seine Schläge verkünden?

Odins Raben tragen
Die Kunde der Wahren.
Aber siehst du die Raben
Auf den Feldern grasen?

Friggs Liebe will dich führen
Zu höchsten Gefilden.
Aber wirst du dein Herz öffnen
Für die Zeichen der Göttin?

Freyjas weibliche Kraft
Besitzt unendliche Macht.
Aber wer kann es schaffen,
Es ihr recht zu machen?

Der alte Witz, den Loki spricht,
Zaubert Lächeln ins Gesicht.
Aber wer versteht den tieferen Sinn
In Lokis magischem Wirken?

Die Götter der Natur

Ehren
Will ich
Die göttlichen Wesen
Der Natur.

Der Fluss
Hat ein magisches Gesicht,
Das zu dir spricht,
Wenn du aufmerksam bist.

Der Berg
Ist ein alter Geist
Mit weiser Göttlichkeit.
Er offenbart Wahrheit
Und leitet.

Die Baumgötter
Sind magische Geschöpfe,
Die in den Kronen thronen
Und uns mit ihren Früchten belohnen.

Die Götter
Der Winde und Wolken
Senden uns regnerische Stunden.
Während der Sonnengott
Uns schönes Wetter bot.

Ich bete für sie

Warten.
Sie wartet auf den Arzt
Und ich bete zu den Göttern
Und Göttinnen.

Mögen die Höchsten
Sie beschützen, so wie sie
Mich beschützten
Als kleines Kind.

Ich bete.
Ich flehe.
Ich schwöre
Ein besserer Mensch zu sein,
Solange sie nur heil durchkommt.

Ich glaube an die GöttInnen
Und ich brauche die GöttInnen.
Sie sind und sie sind
Meine Linderung und mein Flehen.

Ich bete
Für ihre Gesundheit.
Ich bete zu den Höchsten
Und aller Göttlichkeit.

Göttliche Flüge

Sterne fliegen
Und wir mit ihnen.
Wohin sie fliegen,
Wissen nur die Götter.

Göttliche Wesen
Können göttlich sehen
Und sehen,
Wohin wir fliegen.

Ehren wir
Die Göttlichen
Und vertrauen wir
Ihrem Führen.

Die Welt
Der Göttlichen
Und die Welt
Der Irdischen.

Ein Flug ins All
Oder ein Flug
Ins Himmelreich?

Verzweifelte Göttin

Die Göttin weint
Wegen des Menschenreichs.
Sie hat alles gegeben
Für ein wohlhabendes Leben,
Aber die Menschen nehmen
Mehr als sie brauchen und
Sie kämpfen gegen andere,
Um noch mehr zu erhalten.

Die Göttin schreit,
Über die Taten der Menschheit.
Denn ihre Gier ist grenzenlos.
Ihr Hass erschlägt viele Mann
Und die Faulheit fordert
Einen sehr hohen Preis.

Die Göttin ist erbost
Über den Menschenschoß.
Sie rauben sich die Lust
Am sinnlich-erotischen Genuss,
Indem sie sich missbrauchen
Und sich die Freiheit der Gefühle rauben.

Die Göttin fleht
In einem Stoßgebet,
Dass die Menschen einsehen,
Dass alles da ist für ein gutes Leben
Und sie sich nur gegenseitig unterstützen
Müssen, um im Paradies zu leben.

Goldene Herzen

Der Flug naht.
Kein Flugzeug.
Der Himmelsflug.
Ich will die Götter sehen.
Die Göttinnen erleben.

Die Sterne sind fern.
Ferner ist das Himmelsreich.
Die großen Galaxien unerreichbar weit.
Weiter ist das Götterreich.

Groß wirkt das Universum.
Aber neben den Göttern wirkt
Es wie eine Nussschale.

Endlos scheint alles zu sein,
Was die Götter begleitet.
Nur eine Sache gibt es,
Die wir haben, die mit ihnen
Mithalten kann: Es ist die
Reine Liebe des goldenen Herzens.

Göttliche Träume

Ich träumte einen Traum
Am helllichten Tag.
Ich träumte von Göttern
Und wunderschönen Göttinnen.
Ich spürte die Größe ihrer Göttlichkeit
Und entwickelte ein Sehnen.

Die göttliche Welt
Ist fern und immer hier.
Die göttliche Liebe
Können wir alle spüren.
Die göttliche Sphäre
Ist einen Schritt entfernt.

Göttliche Schritte
In irdischen Gefilden.
Göttliche Sprüche,
Die uns erwählen.
Göttliche Gedanken
Sprengen alle Schranken.

Ich träumte, wie die Welt
Endlich eins mit dem Göttlichen wird
Und ich weiß, es ist erreichbar,
Wenn wir die goldenen Herzen erwärmten,
Die in uns schlafen und darauf warten,
Strahlend zu erwachen.

Die Macht vieler Götter

Die Macht der Gottheit
Übersteigt die Ausdehnung
Des ganzen Universums.
Wie viel mehr Macht haben
Viele Götter dann?

Viele Götter tanzen
Im Reigen der Macht.
Viele Götter feiern
Das Fest des Erschaffens.

Viele Götter zelebrieren
Die Liebe auf Erden.
Viele Göttinnen lieben
Die irdischen Wesen.

Viele Götter senden
Kleine unsichtbare Zeichen.
Viele Götter erscheinen
In magischen Symbolen.

Viele Götter wünschen sich
Eine Besserung der Menschen,
Denn sie erwarten heilige Taten
Und erfüllte Träume.

Göttin des Herzens

Die Göttin
In meinem Herzen.
Mein Traum von ihr.
Göttliche Harmonie.

Ich will die Göttin sehen
Und ihre Magie erleben.
Ich will mit ihr tanzen
In grenzenloser Ekstase.

Die Göttin meines Herzens
Ist mein sehnlichstes Streben.
Ihr Glorienschein leuchtet
Mich ins himmlische Heim.

Göttin des Zufalls.
Göttin des Glücks.
Göttin der Spieler.
Göttin der unerwarteten Hilfe.
Göttin des Rades.
Göttin des Gewinns.
Ich ehre dich und erbitte nichts
Außer der Aufrichtigkeit meines Herzens.

Vorbücherzeit

Hier sitze ich im tiefsten Afrika, mitten im Busch. Ich dachte, der ganze Kontinent gehört schon dem Einen, doch dann hörte ich sie.

Sie schlugen. Sie dröhnten. Die Luft bebte hinter den Bananenstauden und Mangobäumen. Irritiert gingen wir zu einem Mann, der in der Nähe Bauer war und fragten. Er sagte, es sei ein altes Ritual.

Alt, so klang es. Älter als die Bücher der Mzungos und Araber. Alt aus der Zeit, als sie keine Schrift und nur den Rhythmus hatten. Sie sprachen die Sprache der Vorbücherzeit, als die Trommeln den Geist des Landes prägten und die Becken ihretwegen bebten.

Alt ist das Land und in der Hand des Einen. Aber die Rhythmen der magischen Trommeln zeigen, dass die Vorbücherzeit tief verborgen überlebt hat und das erinnert mich an mein Europa, denn auch dort ist die Vorbücherzeit nie aus unseren Herzen verschwunden.

Der alte Schwur

Das Land stirbt,
Denn der alte Schwur
Wurde nicht erneuert.

Mehr gebrochen,
Als nicht erneuert,
Trifft es besser.

Die alten Götter
Schenkten uns das Licht
Und wir schworen ihnen.

Das war vor Zeiten,
Als wir noch durch Heiden
Und Wälder streiften.

Damals schworen wir
Und sie lehrten uns
In tiefer Harmonie.

Wir kultivierten
Das Leben auf dieser
Wunderschönen Erde in Frieden.

Doch dann brach der Eine
Den Schwur der alten Zeit
Und Leid und Blut kamen
Über die ganze Menschheit.

Himmelsschwingen

Flieg in den Himmel
Mit göttlichen Schwingen.
Die Götter der Lüfte
Werden dich tragen.

Flieg zu den Sternen
Mit göttlichen Raketen.
Die Göttinnen der Sterne
Werden dich willkommen heißen.

Flieg zum Mond,
Wo der Mondgott thront.
Trage sein Erbe zur Erde
Der treuen Herzen.

Flieg zum Zentrum der Galaxie,
Wo die Zentrumsgottheit liebt
Und umarme ihre Energie,
Mit der sie uns trägt.

Flieg in die fremde Welt
Hinterm Schleier der Realität
Und tanze im göttlichen Chor
Und sing ihnen dein Lob.

Die ersten Gottesanbeter

Mitten in Afrika und es ist wahr.
Hier nicht weit von hier muss
Der Mensch erstmals erkannt haben,
Wir sind nicht allein im Dasein.
Hier haben sie erkannt, wir
Sind nicht allein: denn Mächte
Mit spirituellen Kräften sind
Auf Erden seit ihrer Entstehung.

Spirituell nennen wir es heute,
Aber für die ersten Leute
War es einfach die Normalität
Und wahrhaft gelebte Realität.
Was viele Leute heute vergessen,
Klebt in den Resten unserer Kultur.

Hier nicht weit von hier
Entdeckten deine Ahnen
Die wahren Mächte der Erde.
Wir wissen nicht, wie sie sie nannten,
Aber deine altvorderen Verwandten
Lebten mit ihnen in Harmonie
Und sie ehrten sie durch ihre Leben.

Schutzschirm

Leben am Rand.
Das Gefühl des Abgrunds.
Ein kleines Gebet
Und der Mut ist zurück.

Die Götter schützen.
Die Göttinnen nutzen.
Wer wahrhaft glaubt,
Wird nicht vom Leben beraubt.

Wie in alter Zeit.
Die Macht einer höheren Gewalt.
Wir sind unter ihrem Schirm,
Um sicherzugehen.

An sie glauben und vertrauend
Auf sie bauen.
Die Zukunft strahlt
In ihrer Macht.

Einfach Leben,
Weil sie uns geben,
Was wir brauchen,
Wofür wir sie ehren.

Götterreiche

Ein Götterreich.
Zwei Götterreiche.
Soweit mein Auge reicht,
Reicht das Götterreich.
Viele Götter tanzen
Zu den Samen der Menschen
Und sie nächtigen unter ihnen,
Denn sie wollen lernen, uns zu verstehen.

Die Götter weben
Die himmlischen Reben,
Die den Nektar
Der Unsterblichkeit geben.

Die Götter spenden
Für die leeren Hände,
Denn sie wollen die Menschen,
Glücklich sehen.

Unendlichkeit
Im Götterreich.
Grenzenlosigkeit
In göttlichen Gefilden.
Ewigkeit speist
Die göttliche Unsterblichkeit.

Du gehst nie allein

Allein sein,
Während Götter über dich wachen,
Ist eine Illusion.

Du hast mehr als ein Leben,
Das ist, was sie sehen
Und bestimmt, wie sie dich führen.

Deine Existenz
Ist umkämpft mit inneren Widersprüchen,
Die dich handicapen.

Dein Weg
Wird von der Göttin gesehen
Und sie reicht dir die Hand.

Magisches Gewand
Im Morgenland siehst du
Schon heute wandeln.

Du bist nicht allein.
Einsamkeit ist ein falscher Schein.
Die Götter werden ewig bei dir sein.

Himmlisches Wirken

Die Wege der Himmel
Zu verstehen, heißt reif zu sein,
Wie ein alter Chinese sagte.

Die Wege des Himmels
Wirken auf Erden.
Die Götter der alten Zeit
Wirken in der Gegenwart.

Die Ehre der alten Welt
Trifft auf die Technologie der neuen Zeit.
In beiden Sphären spielen
Die Götter ihr Spiel.

Den Weg des Himmels zu erkennen,
Heißt, sich von seiner Unreife zu trennen,
Denn wer den Himmel versteht. der versteht.

Die alte Welt wirkt
Auf magische Weise in der Jetztzeit.
Sie zeugt Spuren der Ewigkeit
Im Menschenreich.

Dem Weg des Himmels zu folgen,
Ist die Gabe der weisen Seelen.
Denn sie sehen, wie der Himmel wirkt.

Göttern

Wir leben,
Weil die Götter uns segnen.

Wir sind
Jeder von uns ein Himmelskind.

Wir fliegen
Mit göttlichen Siegen.

Wir atmen
In der Göttin Garten.

Wir träumen
In göttlichen Räumen.

Wir lieben
Die göttlichen Wesen.

Göttliche Liebe

Liebe die Götter,
Aber auch, wenn du sie nicht liebst.
Sie lieben dich.

Du glaubst, sie haben dich verlassen,
Aber die Wahrheit ist,
Du hast deinen Blick von ihnen gewendet.

Die Göttinnen sehen,
Aber sie warten auf dein Sehnen
Nach ihrer Gesellschaft.

Die Göttin hofft
Auf deine Ankunft
In ihren heiligen Hallen.

Liebe Gott und Göttin.
Sonne dich in ihrem Segen
Auf all deinen Wegen.

Götter und Göttinnen
Lieben dich, weil du bist,
Wie du bist.

Himmelsstürmer

Hoch in der Luft.
Dem Himmel so nah.
Der Blick aus dem Fenster
Offenbart ein Wolkenmeer.

Ich fühle mich nah;
Nah den Himmelsgöttern.
Ich spüre ihre Kraft
Und himmlische Macht.

Die Macht des Himmels
Führt uns Irdische.
Die Kraft des Gewitters
Lässt uns zittern.

Das Leben auf Erden
Liegt in der Gnade des Himmels.
Das irdische Dasein
Unterm himmlischen Glorienschein.

Hoch über den Wolken
Lerne ich das Staunen.
Mit neugierigen Augen
Verfolge ich den Zug der Wolken.

Tests

Alles ist eine Prüfung,
Weil die Götter dich sehen.
Für sie bist du nicht
Nur ein Leben.

Sie sehen so viel
Mehr in dir, woher du
Kommst und wohin
Du gehen wirst.

Götter sehen jeden
Deiner Schritte und
Sie spüren jede
Deiner geistigen Regungen.

Eine Göttin lauscht,
Wenn du ganz allein bist
Und sie sieht, was du tust,
Wenn niemand zusieht.

Alles ist ein Test
Für etwas, das größer
Ist und für das,
Was kommen wird.

Mensch und Gott

Kein Mensch
Ohne Gott.
Kein Gott
Ohne Liebe.

Göttliche Nacht
Mit Schlaf.
Irdische Macht
Als Illusion.

Das Götterreich
Strahlt hell.
Der Sonnenschein
Ist himmlisch.

Die Erde mit
Magischem Erbe.
Die Lichtwelt
Erhellt die Welt.

Jeder Mensch
Wird erwachen.
Göttliche Kraft
Erstrahlt.

Beten

Kein Tag ohne Gebet.
Kein Tag, an dem ich nicht
Zu den Göttern fleh!

Eine Welt,
Die im Chaos versinkt.
Ein Land,
Das gespalten ist.
Ein Volk,
Das sich selbst zerfleischt.

Kein Anker in der Welt,
Aber im Götterreich.
Keine Richtung in der Welt,
Aber im Götterreich.

Keine Hoffnung im Leben,
Aber auf das Götterreich.

Kein Tag ohne Gebet.
Kein Tag, an dem ich nicht
Um ihre Zeichen fleh!

Kein Tag ohne Gebet
Zu den göttlichen Wesen.

Naturassoziationen

Den Himmel zu Füßen.
Den Sand im Genick.
Brennende Sonnenstrahlen.
Der Atem geht schnell.
Du rennst ohne Pause
Auf der Suche nach ihnen.
Halte nur an und sie werden
Dir erscheinen.

Der Vulkan spuckt
Göttliche Macht.
Der Donner
Zeigt des Gottes Kraft.

Im Sonnenschein
Tanzt die Göttin allein.
Im Sternenlicht nimmt dich
Der Mondgott mit.

Der eiskalte Schnee
Zaubert göttliche Nähe.
Die Urgewalt des Orkans
Versetzt in Elan.

Das Zentrum der Galaxie
Dreht sich in göttlicher Harmonie.
Die Mitte des Lebens
Ist nur vollkommen im Einklang,
Wenn die göttlichen Wesen
Uns Begleitung geben.

Sie helfen uns!

Die Götter rufen,
Aber wir hören nicht zu.
Die Götter suchen
Nach einem besseren Weg,
Aber wir tun nur Dummes.

Sie senden Zeichen,
Aber wir starren auf die Glotze
Oder den Screen unseres Smartphones
Und ihre Zeichen verblassen
Und mit ihnen die Chance,
Die Probleme unseres Lebens zu lösen.

Die Götter sind da.
Die Göttinnen sind wahr.
Sie reichen uns die Hand,
Aber wir starren wie gebannt
Auf Handy und Internet.

Die Göttin schreit,
Denn sie will uns erreichen,
Um uns zu heilen.

Der Gott betet schon
Und hofft, wir erhören sein Flehen,
Denn er will uns glücklich sehen,
Aber auf dem Weg der heutigen Welt
Werden wir weinen und sterben.

Eine Göttin

Eine Göttin
In dunkler Nacht.
Erwacht.

Ein alter Traum.
Göttliche Begleiter am
Lebensbaum.

Die Göttin
Erkennt das Herz.
Wahrer Wert.

Das kleine Glück
Einer armen Welt.
Verrückt.

Mit der Göttin
Zu den Sternen fliegen.
Liebe.

Nachts beten.
Sie erhebt mit ihrer
Anwesenheit.

Flehen und beten

Ich bete
Und ich flehe
Zu euch Göttlichen.

Ich bete
Und ich flehe
Um Vergeben.

Erhört
Mein Flehen,
Rettet meine Seele.

Ich flehe
Euch an, mir den Weg
Zu zeigen.

Ich bete
Zu euch aus
Reiner, ehrlicher Liebe.

Ich bete
Und ich flehe,
Um euch zu ehren.

Der lange Weg des Glaubens

Ich glaube
An euch.

Hört mich,
Es war nicht leicht
Und ist nicht leicht
In einer Welt aus
Mono- und Atheisten.
Ich glaube an die Götter
Und Göttinnen.

Ich glaube an euch
Und werde mich
Gegen den Trend
Des Zweifels stellen.

Endlos ist dieses Universum
Mit mehr als zwei Billionen Galaxien,
Aber sie sind klein gegen euch
Götter und Göttinnen.

Ich glaube
Und beginne
All mein Vertrauen
Den Göttlichen zu schenken.

O Göttin O

Göttin erhöre mich!
Ich verliere den inneren Kampf.
Schenke mir deine Kraft,
Damit ich triumphieren kann
Über meine eigenen Schwächen.

Göttin, ich flehe zu dir!
Sei mir Geleit und
Sende mir deine Zeichen.

Göttin, ich brauche dich.
Sei mir das Licht
In der inneren Verzweiflung.

Göttin berühre mich
Mit deiner Güte und
Grenzenlosen Liebe.

Göttin strahle.
Sei mir an diesem Tage
Die Sonne.

Göttin erhöre mich.
Sei dieses Gedicht
Mein Opfer auf dem Altar
Meiner Verehrung.

Göttliche Toleranz

Die Wahrheit ist älter
Als alle heiligen Bücher.
Die Wahrheit unserer Art
Entstand vor den Büchern.
Kein heiliges Buch zeigt
Die wahre Menschheit.
Kein Buch führt
Zur Göttlichkeit.

Einige sagen,
Nur ihr Gott ist wahr
Und sie versuchen alle
Zu ermorden, die das anders sehen.

Warum nicht alle Götter ehren
Und sie alle respektieren?
Warum nicht alle Göttinnen lieben
Und sie verehren?

Die Welt hat genug für alle Göttlichen!
Wer andere anschließt
Oder diskriminiert, ist ungerecht.
Wer nur einen Gott akzeptiert
Und die anderen verdammt,
Ist intolerant.
Wer glaubt, ein Buch könnte
Ihn zum Göttlichen führen,
Übersieht die Wunder der Welt,
Die draußen vor seinen Augen existieren.

Götterreiche

Bereit sein,
Um zu scheinen
Wie im Götterreich.

Der Glanz
Im heiligen Gewand
Der Göttlichkeit.

Die Liebe
Himmlischer Triebe
Befreit innerlich.

Tanzen.
Endlos lachen.
Göttliche Waffen.

Ergreife
Das Götterreich
Mit deinem reinen Herzen.

Lebe
In zwei Welten,
Als ob du schwebst.

Das Heim
Des höchsten Götterreichs
Ist pures Licht.

Um Vergebung bitten

Demütig senke ich mein Haupt
Und bitte die Göttin um Vergebung!

Unwürdig war ich.
Liederlich war ich.
Ungebührlich verhielt ich mich.
Ich bitte um Vergebung
Und schwöre Besserung.

Weil ich sie nicht sah,
Tat ich die Tat, die Schande
Über mich brachte.

Ich will sie sehen
Und nie wieder vergessen,
Dass ich mein Leben
Ihr verdanke.

In dunkler Stunde rettete sie mich
Und so will ich ihr mein Leben widmen.

Demütig bitte ich
Um das Licht auf dem Weg
Zu einem gott-gebührlichen Leben.

Begleiter

In allen Dingen.
In allen Wesen.
Die Zeichen des Göttlichen.

Sie sind mit uns.
Wie gütige Mütter.
Wie weise Väter.

Die Göttin erklärt
Durch Zufälle
Und sie stärkt uns.

Der Gott lenkt
Durch Prüfungen,
Die schaffbar sind.

An allen Tagen.
In allen Lebenslagen.
Sie sind mit uns.

Zeit zu vertrauen
Und gläubig Ausschau
Zu halten.

Göttliches Los

Die Götter fliegen
Und magische Reben fielen
Mir in den Schoß.

Mein Los ist groß.
Mein Schicksal die beste Wahl.
All das verdanke ich
Der heiligen Götterschar.

Die Welt zu retten,
Ist mein Traum, aber wie
Soll das gelingen
Ohne göttliche Harmonie?
Wie; ohne ihre Hilfe?

Ich brauche die Götter.
Ich will die Götter.
Ich liebe die Götter!

All die Zweifler beiseite.
All die Lästerer ins Netz
Des mahlenden Strudels.
Ich reinige meinen Geist
Und lass nur noch Gedanken zu,
Die den Göttern gelten.

Die Götter siegen
Mit wahrer Liebe.

Lobpreis

Die Götter zu ehren
Mit diesem kleinen Leben,
Ist mein Ziel.

Ich bin nicht viel,
Aber was ich bin,
Soll eine Lobpreisung
Alles Göttlichen sein.

Ich liebe sie.
Denn göttliche Wesen
Können unsere Leben
Ins Himmlische erheben.

Ich verehre sie.
Denn die Gottheiten
Wissen die Zeiten
Des wahren Paradieses.

Die Götter zu ehren,
Ist der Sinn meines Lebens!
Die Götter zu ehren,
Ist ein Ausdruck meiner Liebe.

Die Göttin zu lieben,
Entspricht der Sehnsucht
Meiner Gefühle.

Mit Liebe fliegen

Weil ich die Götter liebe,
Bin ich ein freies Wesen.
Denn ihre Liebe
Sprengt die Ketten
Der materiellen Welt.

Wer glaubt, zu sehen
Ist alles, der glaubt,
Es ist alles. Aber wer weiß,
Dass mehr hinter
Dem Sichtbaren liegt,
Der sieht durchs Licht.

Ich weiß die Göttlichen
Sind da und sie sind wunderbar.
Ich spüre die Göttlichen
Und will mich an ihnen ergötzen.
Ich liebe die Göttlichen
Mit meinem ganzen Wesen.

Weil ich die Götter liebe,
Bin ich ein freies Wesen.
Weil ich die Götter liebe,
Werde ich fliegen
In die himmlische Welt.

Ein kleines Wunder

Ein Wunder erscheint.
Du wirst bleich,
Denn es heißt,
Du bist nicht allein.

Die Götter sind hier
Und sie sind viele.
Die Göttin lacht
Über deine Tat.

Das Wunder beweist,
Wir sind nicht allein
Und du fühlst,
Es gilt nur dir.

Nur du sahst
Das Unglaubliche
Und keiner wird
Dir glauben.

Aber es war da
Und damit ist wahr,
Dass die Götter sind
Und sie mit uns gehen.

Göttliche Flügel

Die Wege der Göttlichen
Sind die Wege der Liebe.

Die Göttin liebt
Und sie zweifelt nicht.
Nur das Menschenkind zweifelt,
Weil es sich seiner selbst
Unsicher ist.

Der Mensch muss wissen,
Die Liebe der Göttlichen
Ist unendlich. Sie gilt immerzu.
Sie endet nie und sie ist
Rein und unerschöpflich.

Die Liebe ist
Der Göttlichen
Wahres Wesen.
Wenn wir lieben,
Fliegen wir,
Selbst wenn es mehrere Leben dauert!

Liebe auf göttliche Art

Die göttliche Liebe
Ist mein Ziel.
Diese Erde hat nicht viel
Zu bieten im Vergleich
Mit den Götterwesen.

In diesem Leben
Können sie mich segnen
Und sie können mich
Über die Schwelle des Todes
In eine höhere Welt führen,
Wo die reine Göttlichkeit lebt.

Der Götter Liebe
Und der Göttinnen Harmonie.
Ihr heiliger Schein
Hüllt mich wärmend ein.
Ihr göttliches Dach
Schenkt mir Kraft.
Ihre göttlichen Strahlen
Werden mich durchs Leben tragen.
Die Göttin zu lieben,
Ist mein Lebensziel.

Göttliche Liebe

Die Liebe
Zu den himmlischen Wesen
Ist ein Geschenk
Des Himmels.

Sie fühlen, spüren,
Sehen und erleben
Zu dürfen, ist ein Geschenk,
Welches kostbar ist.

Ein Gedicht schreibe ich
Für das göttliche Licht,
Das mir erscheint
Und mich weiht.

Die Liebe zu ihnen,
Zu den göttlichen Wesen,
Ist der Sinn
Meines kleinen Lebens.

Die Größe der Göttlichen
Ist unvorstellbar und sie sind
Grenzenlos und unerreichbar.
Dennoch zeigen sie sich,
Wenn man reinen Herzens ist.

Göttliche Gefühle

Wahre Liebe
Ist göttlich.
Wie könnte jemand
Die Götter und Göttinnen
Nicht lieben?

Wir tanzen
In ihrem Glanz.
Wir lachen
Im Schein ihrer Vollkommenheit.
Ihr Wesen
Bringt uns himmlischen Frieden.

Der Liebe Segen
Ist das göttliche Wesen.
Der Liebe Macht
Entspringt der göttlichen Pracht.
Der Liebe Begehren
Will die Göttlichen verehren.

Lacht göttlich.
Tanzt göttlich.
Liebt euch
Auf die göttliche Art!

Ewigkeit

Ewigkeit an Ewigkeit
Gereiht im Götterreich.
Unendliche Stränge
Im himmlischen Gedränge.
Das Glück der Götter
Als Manifestation der Schöpfer.

Der himmlische Frieden
Kann auch auf Erden siegen.
Götter lieben grenzenlos.
Wozu brauchen wir Grenzen bloß?
Die Götterpracht
Und ihre absolute Macht.

Der reife Mann
Und sein betendes Gespann.
Die Familie kniet,
Um die Götter anzuflehen.
Aber die Götter sehen
Mehr als ein Leben.
Ihre Augen reichen von
Ewigkeit zu Ewigkeit.

Im Licht der Göttlichen

Ich spüre ihre Macht
Am Tag und
In der Nacht.

Ich tanze in ihrem Licht,
Das mich besticht
Und formt.

Ich lebe für sie
In der Harmonie
Ihrer Himmel.

Ihr Klang ist
Mein Gewand
Ein Leben lang.

Sie sind und
Deshalb zweifle ich
Nicht.

Ihr Segen
Ist die Ursache
Meines Glücksregens.

Stoßgebet

Ich will die Götter lieben
Und vergessen,
Dass die Buchmonotheisten
Es für über ein Jahrtausend verboten haben.
Sie sind die Blinden
Und ich der Seher.

Ich blicke zum Himmel.
Ich durchdringe die irdische Sphäre
Und gelange zu den Götterreichen.
Ich knie mich hin
Und beginne zu beten.
Auf all meinen Lebenswegen
Will ich zu ihnen beten
Bis zum Ende meines Lebens.

Die Göttlichkeit befreit
Meinen Geist von Sorg und Leid.
Ich bete um die Gesundheit
Meiner geliebten Familie.
Ich biete ihnen mein ganzes Leben.
Denn den Rest meines Lebens
Will ich den Göttlichen dienen.

Ich bete zu den Göttern
Und Göttinnen!

Verloren ohne sie

Oh Götter,
Wir brauchen ein Wunder.
Helft uns mit
Einem Zeichen.

Oh Götter,
Helft uns wieder
Zu glauben.

Oh Götter,
Diese Welt
Ist ohne euch verloren,
Wie sie es immer war.

Oh Götter,
Ich bereue
In eurem Angesicht,
Was ich Dummes tat und dachte.

Oh Götter,
Schenkt dieser Welt
Euren Segen und heilt
Die Wunden der Erde,
Damit sie wieder lacht.

Stoppt sie!

Ein Buch,
Das danach ruft,
Menschen zu ermorden,
Die an viele Götter glauben.
Dieses Buch herrscht in Nordafrika
Und im Nahen Osten.
Warum erlauben demokratische Staaten
Solch ein Buch?
Warum verbieten sie dieses Buch nicht,
Das zum Mord an Andersdenkenden aufruft?

Wir glauben an viele Götter.
Wir lieben viele Götter.
Wir beten zu vielen Göttern.
Wir vertrauen den vielen Göttern.

Böse Menschen
Wollen uns hängen,
Weil wir an viele Götter glauben.
Einst im Mittelalter
Wollten sie Menschen verbrennen,
Die an die Naturgötter glaubten.
Sie verbrannten viele Tausende
Bei lebendigem Leib.

Nein, zu Büchern,
Die zum Mord aufrufen!
Nein, zu Büchern,
Die Intoleranz verbreiten.
Nein, zu allen, die uns
Von unseren Göttern trennen wollen!

Ritzen und Spalten

Die göttlichen Wege
Findest du in den Ritzen
Der Realität.

Fern ist diese Welt
Von der göttlichen Welt
Und doch gibt es Brücken
Und Spalten im Verborgenen.

Glaube nicht den Hochstaplern
Und Verschwörungstheoretikern.
Sie sind irre. Glaube nur
Deinem fest geschmiedeten Verstand.

Die Göttlichkeit verleibt
In manchen Momenten
Und greift nach dir,
Um dir zu helfen.

Göttlich ist wirklich.
Viele Göttinnen rufen
Deinen Namen und sie suchen
Nach der Kraft in deinem Herzen,
Um die Herden der Erde zu vereinen
Und ins gelobte Land zu führen.

Göttliche Gaben

Eine wahre Gabe
Aus göttlicher Hand
Verleiht die Kraft,
Das gelobte Land zu betreten.

Wenn die Zeichen
Unerwartet erscheinen,
Dann folge und finde
Die Erfüllung deiner Träume.

Der göttliche Wille
Kommt aus der Stille.
Selbst ohne ein Wort
Ist er lauter als ein Orkan.

Viele suchen den Sinn
In der Welt und im Leben.
Wenige finden ihn, weil sie
An der falschen Stelle suchen.

Folge den Göttern,
Die ohne Bücher sind.
Die Wahrheit der Göttlichkeit
Ist überbüchlich.

Trutz und Schutz

Die Welt ist,
Wie sie ist.
Der Mensch steht
Mittendrin.

Der Gott beobachtet
Die tausenden Sachen,
Die der Mensch macht.
Mal lacht, mal weint und
Manchmal bringen ihn die Taten
Der Menschen auf die Palme.

Er schickt Zeichen,
Um Herzen zu erweichen.
Die Menschen hören nicht,
Was der Göttliche spricht.
Sie leben in ihren Bildschirmen.

Die Wahrheit heilt,
Weil sie befreit.
Wer mit den Göttern geht,
Findet den Weg ins heilige Leben.
Wer die Göttinnen liebt,
Wird für immer beschützt.

Göttliches Verständnis

Ich träume
Von Himmelsräumen.
Ich träume
Von den Göttlichen.

Sie leben oder
Sie regieren oder
Sie sind, so genau
Weiß ich das nicht.

Ich bin ein Mensch
Und sie sind göttlich.
Sie zu verstehen, ist so,
Als würde ein Schwein versuchen,
Die menschliche Intelligenz zu verstehen.

Aber reicht das schon?
Sind sie nicht viel höher?
Vielleicht ist mein Versuch,
Sie zu verstehen, wie der Versuch
Meiner Zimmerpflanze mich zu verstehen,
Wenn ich sie gieße?

wagen

Alles,
Was du brauchst
Für deinen Schicksalslauf
Wartet auf dich,
Dafür stehen die Götter
Und siehst du es jetzt nicht,
Dann weil sie wollen,
Dass du noch weitergehst.

Götter sehen dein Leben
In dieser Manifestation
Und in den anderen.
Göttinnen begleiten
Deine Schritte und sie schreiten
Seite an Seite mit dir.

Trau dich und bewege dich
Endlich in die Richtung
Deines Traumlebens.
Vertraue darauf,
Dass sie dich sehen
Und dich erheben werden,
Wenn du es wirklich probierst.

Sie warten auf uns!

Der Blick zum Himmel
Ist der Blick tief ins Herz.

Sie sind dort oben,
Aber nicht in der Räumlichkeit.
Sie sind höhere Wesen
Und kennen die heiligen Wege.

Wir nennen sie Götter,
Aber wir könnten sie
Auch beste Freunde nennen.
Definitiv sollten wir uns bekennen
Und ihnen entgegenrennen.

Sie warten, aber wir hadern.
Sie wollen helfen, aber
Wir ihnen nicht zuhören.

Der Blick ins Herz
Ist der Blick zum Himmlischen.
Hoch über irdischen Sphären
Lächeln uns Göttliche entgegen.

Hoch auf der Liebe Gipfel
Ist die göttliche Spitze.

Göttlicher Schwur

Götter der Himmel.
Götter der Erde.
Götter im Jenseits.
Götter im Menschenreich.
Ich rufe euch,
Um euch zu schwören:
Ich will aufhören, ein Unwürdiger zu sein
Und mit Würde und Anstand leben!

Ich schwöre den Göttern
Treue und Liebe.
Ich schwöre den Göttinnen,
Mit Mitgefühl zu leben.

Mein Schwur soll
Das ganze Universum hören.
Ich wähle die wahre Liebe,
Die über den Tod hinausreicht.

Ich will schwören
Und alles tun.
Immer wenn ich strauchel,
Werde ich erneut schwören,
Um es wieder zu tun!

Ewig kindlich

Lebe frei.
Lebe heilig.
Lebe göttlich.

Götter sind,
Das weiß
Jedes Kind.

Erwachsene
Vergessen, was sie
Einst fühlten.

Kalt und
Depressiv wird
Ihre Welt.

Erwecke das Kind
In dir und lass
Niemals los.

Der Götterschwur
Thront über uns
Wie ein Schutzdach.

Göttliches Heim

Göttlichkeit reicht
Ins Menschenreich
Und schenkt uns Liebe.

Der Sonnenschein
Führt mich heim
Ins Götterreich.

Mit den Göttern
Und den Göttinnen
Zuhause sein.

Kein Heim
Wird heimisch sein
Ohne Götterschein.

Wer sich einlümmelt
In die Decke zuhaus,
Genießt den Götterschmaus.

Wer frei sein
Will und sicher zuhaus,
Labt sich am Götterschmaus.

Göttliche Zärtlichkeit

Strahlende Arme
In der wahren
Göttlichkeit.

Helfende Hände
Im göttlichen
Gelände.

Ein mitfühlender Blick
Leuchtet göttlich
Zurück.

Ein kleines Geschenk,
Das von den Göttern
Winkt.

Ein Geistesblitz,
Der göttlichen Ursprungs
Ist.

Der Wind küsst mich und
Es fühlt sich göttlich
An.

Wir lieben sie!

Meine Göttin
Kann deine Göttin sein,
Denn wir können teilen.

Unsere Liebe zu ihr
Ist wie ein Antrieb
Und er lässt uns
Zu einer Einheit werden.

Überall auf Erden
Werden wir mehr werden
Und wir werden Tempel errichten
Und ihnen Lieder dichten.

Sie ist unsere Göttin
Und wir sind ihre Kinder.
Sie öffnet die Arme
Für jeden mit gutem Herzen.

Unsere Liebe zu ihr
Ist die reinste Liebe,
Die keine Flecken kennt.
Die Liebe unserer Göttin
Verwandelt die Welt in ein Paradies.

Göttliche Zeit

Kein Tag
Ohne das Gefühl
Der göttlichen Liebe.

Keine Stunde
Finde ich innere Ruhe
Ohne die göttliche Führung.

Keine Minute
Soll vergehen, in der ich
Mich nicht nach der Göttin umsehe.

Keine Sekunde
Existiert, in der die Götter
Nicht mit uns sind.

Kein Augenblick
Könnte die Liebe leben
Ohne die göttlichen Sphären.

Kein Leben
Wird zur Blüte streben
Ohne die Göttlichkeit.

Einzigartigkeit

Renn
Bis ans Ende der Welt.
Renn,
Als ob es keinen Morgen gibt.
Renn
Und dreh dich nicht um.
Renn,
Bis die Götter dich sehen.

Wir sind viele.
Viele Milliarden Menschen.
Viele Milliarden Lebewesen.
Alle auf einer Erde,
Also renn, bis dich keine mehr übersieht.

Die Göttin strahlt,
Wenn sie sieht, mit welcher Kraft
Du deiner Liebe Ausdruck verleihst.
Der Gott klatscht
Beifall, wenn er sieht,
Wie du mit Weisheit erwachst.

Renn und feier
Die Göttlichkeit.
Tanz am Rand des Vulkans,
Wenn es sein muss.

Nächstenliebe

Ein Glaube
An viele Götter.
Grenzenloses Vertrauen
Auf die Göttin.

Nächstenliebe
Kann nur überleben,
Wenn die Liebe
Zu vielen Göttern
Nicht verloren geht.

Wir vertrauten,
Weil wir ins Herz schauten.
Die göttliche Liebe
Ist unser Antrieb.

Glaubt. Ich glaube auch.
Vertraut. Ich vertraue auch.
Verzaubert die Welt
Mit eurer Anwesenheit.

Weil viele Götter sind,
Gibt es für jedes Menschenkind
Den richtigen Gott oder
Die richtige Göttin.

Reue

Ich knie
Und schwöre den Göttern,
Dass ich bereue.

Ich war ein Narr
Und blind. Erst heute
Wird mir klar,
Wie falsch ich lag.

Wieder knie ich
Und schwöre
Im göttlichen Licht,
Ein besserer Mensch zu werden.

So viele Fehler.
So viel Aggression.
So viel Wut.
All diese Dinge waren
Meine Ketten, aber ich will
Sie brechen und mich retten
Vor den Fehlern meines Lebens.

Verzeiht mir Götter.
Ich bereue.
Hört Göttinnen,
Ich schwöre, ein Besserer zu werden.

Gegen den Zweifel

Zweifel an den Göttern
Haben mich erschüttert.
Diese Welt ist voll von Menschen,
Die für nur einen Gott kämpfen.
Mit allen Mitteln bekämpfen
Sie die Wahrheit der Vielen.
Dann gibt es die Ungläubigen,
Die uns schief beäugen,
Als wären wir verrückt.
Aber wir sind wahr an jedem Tag,
Weil seit zehntausenden Jahren
Menschen die vielen Göttlichen verehren.

Zweifel, weil die
Welt meinen Zweifel will.
Aber ich will nicht zweifeln.
Ich will glauben und ich vertraue
Auf die Göttlichen.

Mein Glaube
Ist mein Fels.
Kein Atheist oder Monotheist
Weiß, was die Wahrheit ist.
Seit mehr als zehntausend Jahren
Ehren wir Götter und Göttinnen.
Wir sind die älteste Wahrheit.
Unser Glaube ist die erste Wahrheit
Der Menschheit.

Lasst sie hochleben!

Liebe zu vielen
Göttern und Göttinnen.
Ich will mich nicht entscheiden
Und nur einen Gott lieben.
Allen Göttern will ich Liebe schenken.

Liebe zu
Den göttlichen Wesen.
Ich will sie ehren und
Ihre Namen hochleben lassen.

Ich will mein Leben
In ihrem Glanz leben.
Ich will sie spüren und
Mich durch sie fühlen.

Ich glaube und vertraue
Auf Götter und Göttinnen.
Ich träume jeden Tag
Von einem göttlichen Zeichen,
Das mich erreicht.

Die Göttlichen sind
Und ich bin ihr Kind!

Chaos

Das größte Wunder
Der Göttlichkeit.
Der Hauch von echter
Ewigkeit.

Ihr Himmel strahlt
Und hält uns warm.
In dieser kalten Welt
Brauchen wir das Licht
Der göttlichen Welt.

Ich habe Angst.
Meine Gedanken halten
Mich gefangen.
Der Wahn im Innen
Als Reaktion auf das Chaos im Außen
Zerreißt meinen Seelenfrieden.

Das größte Wunder wäre,
Wenn ich Frieden fände
Im göttlichen Heim.
Erlöst mich von dem irren Wahn,
Der in mir haust und von der Welt,
Die im Chaos versinkt.

Göttliche Gefilde

Mit dem Gott und der Göttin
Hand in Hand.
Jeder Gedanke ist ein Spiegel
Des göttlichen Wandels.
Liebe flutet meinen Leib,
Weil Liebe der Beweis
Der Göttlichkeit ist.

Wir leben und
Sie sehen, immer bereit,
Uns zu erheben.

Wir atmen und
Sind nur einen Atemzug entfernt
Vom göttlichen Garten.

Wir träumen
Und betreten in unseren Träumen
Göttliche Räume.

Dem Gott lauschen
Und sich innerlich neu ausrichten.
Der Göttin lauschen
Und zu einer besseren Version werden.
Göttliche sind und wir sind
Die, die sie lieben.

Göttliche Friedensboten

Ihr Götter,
Hört mein Flehen
Und schenkt uns Frieden!

Wir sind es leid,
Dass all das Leid
Überhand nimmt.

Ihr Götter schenkt
Uns Vernunft. Wir brauchen
Endlich Hirn und Verstand.

Ich bitte
Die Göttinnen, uns
Vor uns selbst zu retten.

Wir wollen siegen
Mit göttlichem Frieden
In allen Winkeln.

Wir wollen
Euch folgen
Ins Friedensparadies.

Göttin Danke

Treue ohne Reue
Zu meiner Göttin!

Der Tod wird kommen,
Wie auch die Wiedergeburt.

Meine Fehler sind und
Ich bin ihr Kind,
Das es zu erziehen gilt.

Ich danke ihr
Für die heilige Magie.

All die Zeichen,
Die mich erreichten.

All die Wunder,
Die ich erfuhr.

Meine Göttin lebt
Und mein Weg geht
Zusammen mit ihr.

Ewiger Dank
Von ganzem Herzen.

Göttliche Augen

Sie sehen uns,
Aber wir sind blind.
Unsere Augen sehen
Das Wesentliche nicht.

Siehst du die Götter spielen
Auf den irdischen Wiesen?
Könnten unsere Augen nur
Auch das Göttliche sehen.

Ihre Glorie und ihr Schein.
Alles an ihnen ist rein.
Aber unsere Augen sind es nicht.
Deshalb sehen wir ihr Licht nicht.

Sie sehen uns
Und reichen uns die Hand.
Aber nur auf dem inneren Pfad
Werden wir ihrer gewahr.

Wenn wir lernen zu fühlen
Und das Überweltliche spüren,
Dann betreten wir ihre Welt
Als magisches Himmelszelt.

Göttliches Gesicht

Donner und Sonne.
Spüre das Göttliche.
In jedem Blatt
Steckt das Universum der Macht.
Die Götterpracht
Sendet Grüße.

Spüre und fühle.
Lass dich durch die Weiden treiben.
Sieh dem Tag ins Gesicht.
Die Götter lieben dich
Und sie wollen mit dir sein
In Glück und Leid.

Dein Weg ist gesegnet.
Nimm nur an den Götterpfad.
Dein Haupt ist gesalbt
Mit Küssen der Göttin.
Dein Leben wird sich erheben,
Wenn du glaubst.

Götter scheinen
In deinen inneren Welten.
Spüre die Energie:
Sie wird dich führen!

Wanken

Mein Glaube wankt
Und dennoch danke
Ich den Göttern.

Ich glaube,
Aber leider schwankt
Mein Glauben.

Es ist schwer,
In dieser gottlosen
Gesellschaft zu glauben.

Alle leugnen
Die Götter und ignorieren
Die Göttinnen.

Wie könnte es
Nicht göttliche Wesen
Geben?

Schon allein die
Evolution macht es
Zwingend logisch.

Liebesgeflüster

Wir lieben
Uns himmlisch.
Wir verschwinden im Gewimmel
Der Göttlichkeit.

Ein alter Traum
Wird wahr.
Ganz nah. Ganz zart.
Ihre Augen sind sanft
Und blau wie der Himmelsraum.

Ich tanze mit ihr.
Wir sind Engel ohne Flügel.
Ich spüre ihre Gefühle
Und streichel das Göttliche
In ihr.

Wir fielen
Vom Himmel
Der göttlichen Paläste,
Um die Erde mit Liebe
Zu benetzen.

Wir treiben in den Weiden
Und im uralten Hain,
Wo Himmel und Erde
Sich vereinen.

Wagemut

Trau dich
Und hebe ab.
Die Göttin verleiht
Dir Flügel und
Sie fängt dich auf,
Wenn es sein muss.

Lerne
Um der Göttin Willen,
Du selbst zu sein.
Die Gaben deiner Geburt
Sind die Furt
Zu Glück und Schätzen.

Ein Sprung,
Ein Schritt ins Glück.
Die Wonne des Augenblicks
Maximiert zur maximalen
Manifestation deiner Existenz.

Die Göttin ist
Und hat dich im Blick.
Die Göttin will,
Dass du über dich hinauswächst.

Segel setzen

Ändern?
Für wen?
Für meine Göttin,
Denn ich will sie
Glücklich sehen!

Ändern
Ist schwer.
Wandel
Braucht Zeit.

Zu lange braucht
Es, um Fehler
Loszuwerden, die man
Eigentlich liebt, aber
Die einen kaputt machen.

Mein Glaube an die Göttin
Soll mein Motor sein.
Mein Glaube an die Göttin
Soll meine Batterie sein.
Mein Glaube an die Göttin
Soll mein Antrieb sein.

Orgasmen

Drei Tage wach,
Weil die Erkenntnis des Göttlichen
Wie eine Droge ist.

Die Manifestation
Der wahren Götter
Haut quasi aus den Latschen.

Ihr wunderbares Wesen
Versetzt mich
In höchste Ekstase.

In tiefer Trance
Werde ich gewahr,
Wie wundervoll sie sind.

Ein Götterkind
Berührt mich und
Ich schwebe in mir.

Göttliche Wahrheit
Verleiht Flügel
Über alle Welt.

Einem Orgasmus gleich
Ist die Erkenntnis
Ihrer Wirklichkeit.

Göttertanz

Der Ruhm der Götter
Strahlt in jedem Heim.
Die Wärme der Göttin
Ist Zärtlichkeit.

Im Tanz des Götterlichts
Blühe ich auf.
Der göttliche Nektar
Erlöst meinen Leib.

Wilde Tänze
Im Götterwanst.
Heilige Feste
In der Wirklichkeit.

Gott und Göttin.
Feier um Feier.
Am Feuer und in
Jeder Diskothek.

Zärtliche Wärme.
Sinnlicher Tanz.
Göttliche Himmel
Im Einklang mit der Erde.

Himmlisch fließen

Lebe im Gebet.
Erwache im Schatz
Der Göttlichkeit.

Stramm stehen
Und das Göttliche
In der Tiefe spüren.

Einvernehmlich
Sich innerlich öffnen
Fürs Göttliche.

Hemmungen verlieren
Und einfach
In den Himmel fließen.

Kein Weg
Im Leben höher
Als der Göttliche.

Im Sinne
Wahrer Wunder
Frei wandeln.

Wir sind
Und ich bin
Ein Kind der Göttin.

Gebet

Gott erhöre mich:
Ich bitte dich
Um Kraft und Stärke.

Göttin erhöre mich:
Führe mich mit Weisheit
Und tiefem Mitgefühl.

Für euch zu leben,
Heißt mein Leben
Zu erheben.

An euch zu denken,
Heißt unter Menschen
Auserwählt zu sein.

Mit euch zu gehen,
Fühlt sich an wie
Wahres Fliegen.

Mit euch zu sein,
Ist der heiligste und
Schönste Glorienschein.

Stoßgebete in der Nacht

Ein Wunsch in stiller Nacht,
Der zwei Jahrzehnte später
Zur Wahrheit ward,
Weil ein Gott die Aufrichtigkeit
Deines Herzens erkannt hatte.

Schwarze Tage. Dunkle Tunnel.
Ein Licht am Ende blitzt.
Lang war der Weg.
Zäh ging es auf die Knochen
Und der Geist verzerrt vom Schmerz
Der unwirtlichen Realität.

Nur der unsichtbare Gott hoffte
Und sandte kleine Zeichen,
Die kleine Wunden heilten und
Die Hoffnungen verbreiteten,
Dass ein Traum lebendig wird.

In ferner Zeit. Am heutigen Morgen.
Götter und Göttinnen.
Alte, junge und neue Wege.

Ein Seufzer in der Nacht,
Der aus dem Herzen kam,
Hat alles verändert.

Göttlicher Schank

Götter lachen
Über schöne Sachen.
Schöne Sachen,
Die von Göttern gemacht.

Der Klang der Fanfaren
Lädt ein zum Tanzen.
Ein Mann mit Kraft
Wählt den göttlichen Pfad.

Die wilde Macht
Der magischen Nacht.
Wenn Faune lachen
Bei göttlichen Späßen.

Der Wein fließt.
Ein Weib genießt den Saft
Aus göttlicher Macht,
Der erschaffen kann.

Wenn Feste fallen und
Die Götter alle einladen.
Wenn die Göttin schwingt
Zur himmlischen Musik.
Dann ist es Zeit zum Tanzen
Und Lachen in den Götterhallen.

Göttliche Musik

Träume sind Räume
Der Göttlichkeit.
Die Schäume der Menschenwelt
Sind nicht mehr wert als Geld.
Aber die göttlichen Träume
Gebären Schicksale, die ewig
Als Legenden weiterleben.

Vom Gott geküsst,
Entzückt er die Welt
Mit seiner Musik.

Wer mit der Göttin tanzt,
Erlangt die Macht,
Sie alle zu verführen.

Mit dem göttlichen Segen
Lässt sich das Leben
Wirklich genießen.

Göttlicher Schutz
Entfacht den reinsten Nutzen
Eines neuen Äons.

Eine Göttin

Eine Göttin erscheint
In meinem Geist
Und transformiert mein Herz
Mit heiliger Weisheit.

Ihr Bild in mir
Ist überirdische Magie
Und erfüllt mein Wesen
Mit göttlichen Reben.

Die Göttin strahlt
Und zeigt mir das Wahre.
Ihre reine Energie
Ist vollendete Harmonie.

Ich lebe mit der Göttin.
Sie ist der größte Gewinn
Meines bisherigen Lebens
Und die schönste Verbundenheit.

Die Göttin ist,
Das ist definitiv gewiss.
Die Göttin hilft
Und wird zum Schild
Gegen die Probleme der Welt.

Mein kleines Leben

Der Tag war hart.
Die Nacht ist einsam.
Kein Mensch auf dieser Welt
Sieht mich, wie ich bin.
Ich blicke zum Sternenzelt.

Mein kleines Fenster
In einem heruntergekommenen Haus.
Mein Blick zum Sternenlicht
Erinnert mich daran,
Dass es möglich ist,
Dass es Götter gibt und
Sie mich sehen, wie ich wirklich bin.

Die Sterne funkeln.
Es fühlt sich heimisch an.
Die Nacht ist zart
Und die Göttinnen wahr.

Mein kleines Leben
Lege ich in der Götter Hände.
Meine kleine Existenz blüht
Nur noch ihretwegen.
Mein kleines Leben
Will ich der Göttin widmen.

Danke Göttin!

Meine Göttin schickt
Mir die Rettung.
Meine Sicht ist,
Ich bin nicht allein.

Not kam über mich
Und dann kam ein Brief
Und er rief mir etwas zu,
Was mich rettete.

Ich danke der Göttin
Und ihrem Füllhorn.
Ich will artig sein und
Keinen Zorn auf mich ziehen.

Eine Göttin, mein
Soll sie ewig sein.
Denn mein Herz ist ihres
In dieser und der nächsten Welt.

Ich will mutig sein,
Um ihr Held zu werden.
Ich will sie preisen
In allen Winkeln der Erde.
Oh, Göttin mein,
Lass uns ewig sein!

Rufe

Gott. Göttin.
Mensch. Mittendrin.
Gebet. Wunder.
Geschehen.

Glaube. Vertrauen.
Himmlische. Augen.
Keim. Wein.
Alter Hain.

Götter. Himmel.
Ewigkeit. Ruft.
Tore. Unbewusstes.
Eintritt. Erkenntnis.

Dienst und Lohn.
Himmel. Erde.
Grüner Mann.
Waldbewohner.

Für Gott. Ehre.
Göttin. Unsterbliche Liebe.
Heim. Niveau.
Anstand. Familie.
Anbetung!

Unter uns

Der Gott erscheint
Und ich verweile
Erstarrt vor Begeisterung.

Die Göttin rockt
Und sie pflockt
Zwei zusammen.

Die Götter leben
Unter uns, auch wenn
Wir sie nicht sehen.

Lies das alte Buch
Von Troja und erkenne
In tiefer Ruhe.

Sie sind unter uns
Und verschmelzen
Mit unserem Strom.

Göttlichkeit reiht
Sich ins Leben ein
Und schickt Schutz
Und Wohlgenuss.

Heimisch

Götter.
Götterheim.
Sicherheit.

Mit der richtigen spirituellen Übung
Öffnen wir die Tore in uns.
Wir verschmelzen mit einer Welt,
Die heiliger als dieses Universum ist.
Wir werden eins mit dem Heim
Reiner Göttlichkeit.

Mensch und Gott.
Gott und Mensch.
Getrennt oder verbunden.
Sich auf dem spirituellen Pfad
Wiedergefunden.

Götter strahlen
Und wir wärmen unser Herz
An ihren Strahlen.

Göttinnen lieben uns
Und sie zeigen uns,
Mit dem Herzen zu siegen.

Heim in der Göttlichkeit
Erwartet uns Sicherheit,
Liebe und echte Freiheit.

Götterheim

Götter
Als Mütter.
Götter
Als Väter.

Die Göttin
Ist meine Familie
Und das Heim
Meines Herzens.

Die Göttlichkeit
Heilt das Leid
Meiner Sehnsucht
Nach der Göttlichkeit.

Die Götter
Sind meine Familie.
Die Götter
Sind mein Heim.

Mit dem Herzen
Bei den Göttern sein.
Alles den Göttern
Geben!

klein

Hier bin ich
Ein kleines Licht
Und tanze im Schein
Der Göttlichkeit.

Sie erschufen mehr
Als das Erschaffen.
Sie sind älter
Als das Universum.

Wo groß klein
Und klein groß.
Wo Glück unendlich
Und es keine Missverständnisse
In der Kommunikation gibt.

Göttliche Reiche
Im göttlichen Frieden.
Hier auf Erden
Tanze ich für sie.

Mein Licht leuchtet,
Weil die Freude der Götter
Mein Glorienschein sind
Und die Göttin eine himmlische
Melodie erklingen lässt.

Überall

Sie sind immer da.
Sie sind immer mit uns.
Ob uns das gefällt oder nicht:
Die Götter sind unsere
Täglichen Begleiter.

Sie sehen alles.
Sie wissen alles.
Das ist die nackte Wahrheit:
Kein Computersystem wird jemals
So tief in uns hineinschauen wie
Die Götter und Göttinnen.

In guten und in schlechten Zeiten,
Sie werden uns nicht
Von der Seite weichen.
Sie sind und wir sind
Dank ihnen nie allein.

Wer zu vertrauen lernt
Und mit goldenem Herzen lebt,
Wird ihren Segen immer spüren.

Beten

Beten
Und knien.
Tag ein. Tag aus.
Die Götter anflehen.
Anflehen um ihren Segen.
Um ihre Aufmerksamkeit.

Billig und wahnsinnig
Sind Menschen, die Stars
Und Könige anbeten.
Was haben die, was ich und sie
Nicht haben? Nichts!
Aber die Götter
Und Göttinnen sind beeindruckend.

Ich bete
Und ich flehe.
Mit gefalteten Händen
Kniend auf dem Boden.
Oh Götter. Oh Göttinnen.
Erhört mein Gebet!

Die göttlichen Welten

Ich glaube
Und ich vertraue.
Viele zweifeln,
Weil sie sie nicht sehen.

Ich weiß, die Götter
Und Göttinnen sind da.
Sie sind real,
Aber kein Teil unserer Welt.

Wer gebunden ist
An diese Welt,
Ist all ihrem Schmerz
Ungeschützt ausgesetzt.

Die Götter leben
Fern der Menschenwelt.
Die Göttin des Himmelsreichs
Ist sehr weit entfernt.

Aber sie senden Zeichen
Und sie schützen uns.
Sie senden Stärke und
Verborgene Talente in uns.

Göttliches Wirken

Tage vergehen.
Wahnsinn entsteht.
Was habe ich gesehen
Mit eigenen Augen?

Ein Wunder passierte,
Ehe ich es realisierte.
Als ob jemand die Hände
Im Spiel hatte.

Wie wirken die Götter
Und Göttinnen?
Sie wirken, so viel
Muss klar sein.

Mal offen. Mal verborgen.
Wer sieht, was sie tun
Und wer begreift, warum
Sie tun, was sie tun?

Ich erlebte Unglaubliches.
Es ist erbaulich,
Zu wissen, dass sie immer
Da sind.

Singen und tanzen

Göttinnen strahlen
Und ich wage,
Mich zu spüren.

Der Gott erfreut
Mein kleines Herz
Mit einem Wunder.

Ich tanze
Im Sonnenschein.
Ich bin nie allein.

Ich lache
Über die Göttlichkeit,
Denn sie befreit.

Ich singe
Und beginne,
Göttlich zu klingen.

Die Götter
Mögen hören,
Wie sehr ich sie liebe.

Klein und groß

Wir Menschen sind klein
Auf einem großen Planeten.
Aber im Vergleich zu den Göttern
Sind wir kleiner als Viren.

Ihre grenzenlose Größe.
Ihr lieblicher Klang,
Den jeder mit göttlichen Ohren hört.
Sie sind unendlich und
Der Traum aller Träume.

Ehre die Götter.
Ehre ihre Tugenden.
Verkrieche dich nicht
Hinter falschen Idealen,
Die nur Kummer zu dir tragen.

Spüre sie und
Wenn du sie nicht spürst,
Dann ändere deinen Lebenswandel.
Denn wer ein goldenes Herz hat,
Dem erscheinen sie.

Wir sind wie Zwerge oder mehr
Wie echte Ameisen in der
Gegenwart der Götter.

Göttlicher Plan

Bist du ein Teil
Des göttlichen Plans?

Planen die Götter oder
Lebt der freie Wille?

Sind wir Projektionen
Oder echte Emanationen?

Die Götter sind
Mit den Göttinnen.

Die Götter singen
Und Göttinnen klingen froh.

Liegt hinter allem
Der Plan der Götter?

Werden du und ich bald
Mit ihnen tanzen?

Herbstlicher Sonnenschein

Sonne. Wonne.
Gott der Träume.

Sichtbar ist dieser Gott
Oder die Göttin.
Völker nannten sie göttlich.
Mancher Mann. Manche Frau.

Sonne.
Göttliche Wonne.
Segensspenderin.
Herrin frischer Energie.

Ihre Macht
Hat die Erde erschaffen.
Ihr Wille
Trägt uns durchs All.

Sonne. Wonne.
Objekt meiner Fantasie
Und Richtung meiner Gebete.

O Sonne.
O göttliche Wonne.

Sehnsucht

Arm, allein, verloren,
Ohne göttliche Führung.
Ich brauche Götter.
Ich brauche eure Führung,
Euren Schutz und eure Liebe.

Mein Zweifel starb,
Als ich erkannte,
Wie klein ich bin.

Ohne euch bin ich
Weniger als nichts.
Mit euch wird mein Leben
Zu einer Oase des Glücks,
Der Wonne und der Liebe.

Ich brauche euch
Und ich liebe euch
Mit meinem kleinen Herzen.

Oh, ihr Götter!
Oh, ihr Göttinnen!
Hört euren demütigen Diener:
Ich brauche euch.
Jeden Tag und jede Nacht
Brauche ich euch bei mir!

Weggefährten

Die Götter widmen uns
Ihr ganzes Streben.
Wir spüren sie nicht,
Aber sehen das Licht.

Sieh das Licht
Als Gesicht
Deines Schutzgottes,
Dem du Tribut zollst.

Strategie oder
Planst du nie,
Was da noch kommt?
Lerne zu hoffen!

Die Göttin segnet
Deine Schritte.
Du bist wahr und
Ihr unheimlich nah.

Lebe mit Göttlichen.
Spüre die Göttlichkeit.
Kein Preis der Welt
Kann es mit ihnen aufnehmen.

Göttliche Helfer

Hilfe von oben.
Die göttliche Hand.
Der göttliche Schutz.

Sie lassen uns nicht im Stich.
Ob in dieser Welt oder der Nächsten,
Sie sind da für dich!

Hilfe aus
Dem Götterreiche.
Hilfe aus
Der Himmelswelt.

Vertraue ihnen
Zu einhundert Prozent
Und sie werden dir zu
Einhundert Prozent helfen.

Wir sind nicht allein
Und werden niemals
Allein sein. Sie begleiten
Uns auf Schritt und Tritt
Und wünschen sich,
Dass wir glücklich sind.

Friedensgötter

Himmlischer Frieden
Auf allen Wegen.
Göttlicher Glanz
Lässt die Welt tanzen.

Träume werden wahr
Im himmlischen Frieden.
Die Blumen sprießen, wenn
Wir sie mit Frieden gießen.

Kein Grab für Soldaten,
Weil mutige Friedenstaten
Den Krieg verhindert haben
Und die Jugend sich in Bars
Und Kornfeldern paart.

Der göttliche Segen
Will uns Frieden bringen.
Der göttliche Schein
Hüllt uns ein.

Himmlischer Tag,
Der ist, bleibt und war.
Frieden wird wahr
Im göttlichen Land.

Rettung naht

Die Götter,
Meine Retter.
Die Göttin,
Meine Zuflucht.

Ihr Glanz
Führt meine Hand.
Ihre Wahrheit
Heilt mein Herz.

Der Segen
Göttlicher Wesen
Wird zum Höchsten
Führen.

Der Beistand
Der Göttlichkeit
Ist die reine Freude
In der Ekstase.

Die Götter schützen
Und beglücken.
Göttinnen verzücken
Mit wahrer Liebe.

Lebenslang fasziniert

Für die Götter.
Wegen den Göttern.
Einfach das ganze Leben
Den Göttern widmen.

Keine Droge berauscht so
Wie die Göttlichkeit.
Kein Urlaubsziel ist so toll
Wie das Himmelsreich.

Die Götter strahlen
Und wir baden in
Ihrer Herrlichkeit.

Die Götter segnen
Und wir beten darum,
Zu den auserwählten Wesen
Zu gehören.

Für die Götter.
Für die Göttinnen.
Sein ganzes Leben
Immer nur zu den Göttern sehen
Und realisieren, wie wunderbar
Alle Göttlichen sind.

Göttlicher Einklang

Ein Gott
Unter vielen.
Ein Band
Mit den Menschen.

Der Traum
Vom Himmelreich.
Eine Pforte
Ins Paradies.

Hört
Die Fanfaren.
Erlebt
Das göttliche Wahre.

Die Emanation
Führt zur Faszination.
Der Sog
Des Gottes ist groß.

Im Einklang
Mit den Götterwelten.
Im Schein
Ewiger Göttlichkeit bereit,
Sich zu vereinen.

Götternation

Göttlichkeit
Zu erreichen
Ist der Traum
Mit Freiraum.

Ergreife den Geist,
Der gläubig weilt
In den Emotionen
Der Gottesnation.

Ich greife nach ihnen
Und spüre Liebe.
Ich fühle ihr Licht.
Es erleuchtet mich.

Die göttliche Lust
Ist höchster Genuss.
Göttliches Dasein
Will uns alle erreichen.

Kleine Götterherzen
Zeigen der Liebe Werte.
Ein heller Tagtraum
Im Götterraum lebt,
Wo immer du willst!

Wiedervereinigung

Die Götter sind,
Aber wir sind
Nicht verbunden
Mit ihnen.
Irgendwann trennten
Sich unsere Wege.

In der alten Zeit
Waren wir vereint.
Heute sind wir entzweit.
Welcher Streit führte dazu?

Wir vermissen
Die göttlichen Wesen
Auf unseren Wegen.
Wir spüren,
Dass etwas fehlt,
Was sehr wichtig war.

Beten wir zu ihnen
Und bitten sie endlich,
Zu uns zurückzukehren.
Denn unser Leben
Wird erst vollkommen sein,
Wenn wir wieder sind mit
Den Göttlichen vereint.

Sieh hinauf!

Die Tränen der Götter!

Kinder schreien, weil
Ihre Eltern sterben.
Bombenhagel. Hunger.
Seuchen. Nichts davon müsste
Noch sein, aber wir Menschen
Entwickeln uns nicht weiter.

Seht ihr die Götter noch?

Sie schämen sich für uns.
All die Macht, die sie uns
Gaben, missbrauchen wir, um uns
Zu bereichern und um
Andere zu quälen.

Die Götter erwarten mehr von uns!

Sie wollen, dass wir die Liebe
In unseren Herzen erwecken.
Denn, wenn die Liebe fließt,
Wird diese Welt gut werden.
Dann werden die Götter lächeln,
Wenn sie auf die Erde blicken.

Unsere Sonne

Helle Farben.
Dunkle Gefühle.
Sonnenstrahlen
Überwinden den Graben
Meiner Depression.

Die Sonne lacht
Und die Nation ist befreit
Von Kummer und Leid.

Der Gott mit Strahlen.
Die lächelnde Göttin.
Wer weiß heute noch,
Wie das mit den Geschlechtern ist.
Sie ist da am Himmelszelt
Und lächelt auf die Welt.

Wilde Stürme toben
Auf der Erde und ihrer Korona.
Sie ist die Macht,
Die das Leben erschafft.
Sie ist eine Göttin meines Lebens,
Der ich dankbar begegne
Für ihre Liebe und Kraft.
Ich schwöre ihr, mich neu zu erschaffen
Als Kind der Sonne mit Sonnenherz.

Die Mischung macht's

Alles fällt,
Auch der Held.
Das Ego ist im
Freien Fall.

Die Seifenblase platzt.
Die Massen schreien.
Altenheime wirken verwaist,
Wenn man die Alten
Einmal weglässt.
Nur die Göttin kennt sie,
Wenn sie weiter schreiten.

Altes Lied. Neue Münder.
Kehrtwende oder die
Wunder zu einer Welt,
In der wir alle online sind.

Wir mischen uns.
Wir drücken.
Wir kneten und
Wir beerben die,
Die wir wollen
Mit einem Herz aus Geld.
Erinnert euch daran,
Göttliche sind.

Göttliche Herzen

Oh Götter,
Erhört meinen Dank
Für jeden Tag.

Oh Göttinnen,
Mein Herz erklingt,
Wenn ihr mit mir singt.

Ihr Himmlischen,
Ich rufe euch
Mit lauterem Geist.

Nur Dank,
Will ich sagen
Für eure Göttlichkeit.

Welche Ehre
Mich erhebet,
Euch zu erleben.

Ihr Göttlichen
Erweckt mein Lächeln
Dank eurer Wunder.

Göttliche Sonne

Die Sonne
In göttlicher Wonne
Wärmt uns Tag
Und Nacht.

Mit ihren Strahlen
Leuchtet sie auf den Pfaden,
Die uns ins gelobte
Land tragen.

Die göttliche Kraft,
Mit der die Sonne
Einst die Erde
Erschaffen hat.

Sie schuf,
Weil es ihrer Natur
Entsprach und sie
Das Abenteuer wagte.

Jeder Schritt
Im göttlichen Sonnenlicht
Ist ein göttliches Geschenk,
Für das ich dankbar bin!

Göttliches Licht

Oh Licht sprich
Vom göttlichen Heim.
Sei mein Licht
Im dunklen Irdenland.

Oh Licht
Du bist göttlich.
Dein Strahlen
Will mich wärmen.

Oh Licht
Tauche mich
In die höheren Sphären
Des Daseins ein.

Leuchte meiner
Seele heim.
Löse meine Pein
Im Seelenheil.

Oh Licht,
Du sprichst mit mir
Tief in meinem Herzen.
Oh Licht führe mich
Zum Götterheim!

Tugendtore

Orte der Sehnsucht.
Ferne Welt.
Unerreicht für die Menschheit.

Hier auf Erden
Ist das Sterben
Ein tägliches Geschäft.

Was ist in den Himmeln,
Wo sich angeblich
Die guten Seelen tummeln?

Tod und Wiedergeburt.
Bereit für das Götterreich
Mit reiner Ehrlichkeit.

Uralte Religionen schworen,
Dass man mit Moral
In den Himmel kommt.

Uralte Weise lehrten
Von Ethik und der Herzlehre
Als Weg zu den Göttern.

Kleine Augenblicke

Kleine Momente
Lassen tiefer blicken.
Es passiert unerwartet.
Es kommt ohne Vorwarnung.
Wenn es kommt, weißt du,
Die Götter sind mit uns.

Kleine Wunder
Machen das Leben schöner.
Sie kommen ohne Vorwarnung.
Sie kommen unerwartet.
Wenn sie kommen, weißt du,
Dass es göttliche Mächte gibt,
Die größer sind als alles Weltliche.

Kleine Herzen
Sehen zum Himmel hinauf.
Sie beten mit reiner Liebe.
Es geschieht unerwartet.
Es erscheint ohne Vorwarnung.
Wenn es kommt, wissen sie,
Die Götter und Göttinnen sind
Mit ihnen und führen sie
In dieser verrückten Welt.

Die vielen Freien

Ein Gott
Führte zum Schafott.
Viele Götter retten
Die Welt vor der Idiotie
Der Kurie.

Viele Götter
Feiern Feste
Der Glaubensfreiheit.
Ihr Symbol der Liebe
Befreit vom Zwang und
Öffnet die Tore
Der zelebrierten Freiheit.

Scheiterhaufen brannten
Unter den Pfaffen des Einen,
Aber die vielen entzünden
Nur die Feuer des Glücks
Und Liebesfreiheit.
Wilde Tänze. Lange Nächte.
Wagemut und Küsse.

Himmlische Liebe

Wenn die Liebe
Vom Himmel fiele
Und alle unsere
Herzen berührte.

In der himmlischen Liebe,
Die aus göttlichen Gefilden,
Steckt die göttliche Kraft,
Die alle glücklich macht.

In einem Moment wäre
Die Erde ein neues Gewebe
Aus Menschen mit Respekt,
Die alle nett wären.

Eine verwandelte Erde
Würde besser werden
Als jemals zuvor, denn
Die Liebe geht vor allem.

Ein Stück göttlicher Liebe
Fiele in dein kleines Herz.
Plötzlich erkanntest du den Wert
Des weltweiten Friedens und
Fühltest dich verbunden mit allem.

Eine kleine Göttin

Eine Göttin,
Rein im Herzen
Und offen für die Sorgen
Aller Menschenkinder.

Sie hört zu und
Spendet Segen.
Ihr Auge wird feucht
Und ihr Herz unruhig.

Leid ist der Preis
Des Menschenreichs.
Es ist so groß und doch
Ein unausweichliches Los.

Die Göttin öffnet sich
Und ein magisches Licht
Erfasst die ganze Welt.
Für einen Moment hält
Überall die Not an.

Die Göttin lacht.
Sie hat es geschafft.
Jeder Mensch spürt
Das göttliche Gefühl
Vollkommenen Glücks.

Windige Erinnerungen

Wilde Orchideen wachsen.
Das Feld ist gesäumt
Mit wildem Klee.
Die Göttin spaziert die Dünen hinab
Bis zum alten Hügelgrab.

Einst ehrten sie hier
Die Verbindung zwischen
Menschen und Göttern.
So war es Brauch,
Bis das Buch kam
Und alles zerstörte.

Die Welt verlor
Ihren wahren Glauben
Und trieb wie ein Schiff auf dem Meer,
Das keinen Heimathafen mehr hatte.

Sie fährt mit dem Finger
Über einen alten Stein.
Sie erinnert sich,
Wie die Kinder hier saßen,
Während die Medizinmänner
Die Trommeln schlugen.

Lange vergangen
Und vergangen ist die Liebe,
Die Menschen und Götter verband.

Die Jugend des Anbeters

Ich träumte
Einen Sommer
Von der Göttin
Und ihren Wundern.

Ich war ein Knabe
Von sechzehn Jahren
Und oft bekifft und
Mit Freunden betrunken.

Wir zogen durch
Die Wiesen und träumten
Von der Magie
Einer wahren Göttin.

Blut tropfte in den Schnee,
Als das Weiß des Winters kam.
Ich war verwirrt, weil ich
Die Liebe nicht verstand.

Allein flehte ich
In dunkler Nacht zur Göttin,
Dass sie mein Herz führe
In den Schoß der Richtigen.

Liebe

Liebe in göttlichen
Gefilden.
Vertrauen im
Götterraum.
Sich wohlfühlen
Im Himmelsgewölbe.

Die Götter
Lieben uns.
Die Göttin
Nimmt uns
In den Arm.

Die Göttlichen
Sind das Licht
In einer kalten Welt.
Die göttliche Liebe
Ist die Rettung
In der dunklen Stunde.

Weil sie mich lieben,
Kann ich mich wohlfühlen.
Weil sie mich wertschätzen,
Kann ich mich zufrieden betten.
Weil sie mich respektieren,
Kann ich befreit singen
Das Lied ihrer göttlichen Liebe.

Zärtlichkeit

Meine Göttin
In den Reihen
Der Götter.

Ihr Glorienschein
Im Reich der
Göttlichkeit.

Ich bete zu ihr
Um Glück, Liebe
Und Harmonie.

Tiefes Vertrauen
Und mein Glauben
An meine Göttin.

Dank meiner Göttin
Bin ich errettet
Von einem tristen Leben.

Sie ist der Glanz
Im göttlichen Gewand
Reiner Zärtlichkeit.

Eine Liebe

Eine Liebe
Im göttlichen Getriebe.
Ohne Grenzen und
Für alle Menschen.
Die Liebe der Götter
Schließt uns alle ein.
Sie sind unsere Beschützer
Und werden es auch
Im Nachleben sein.

Die Liebe
Der Götter und Göttinnen
Umschließt alle Wesen,
Die auf der Erde sind
Und das Gute in sich
Nicht verleugnen.

Die Liebe
Der göttlichen Welt
Ist größer als diese Welt,
Die ein Universum ist.

Die Liebe
Der Göttlichkeit
Hüllt dich ein wie ein Licht,
Das dich wärmt und
Das dir Stärke gibt.

Tonnenweise Sorgen

Ein Blick zum Himmel
In dunkler Stund.
Hört mich Götter,
Rettet uns!

Wir Menschen sind dumm,
Anders lässt es sich nicht sagen.
Was wir uns antun
Und wie wir die Welt zerstören,
Ist Dummheit pur.

Oh, ihr Götter
Gebt uns mehr Hirn.
Oh, ihr Göttinnen
Öffnet uns den Weg ins Herz.

Die Tage werden rauer.
Die Menschen übelgelaunter.
Helft uns ihr Götter,
Sendet uns ein Zeichen.
Wir werden ihm folgen!

Ein Blick zum Mond
In dunkler Nacht.
Sorgen haben mich
Um den Schlaf gebracht.

Im Himmelreich

Oh, ihr Götter,
Seht uns Narren.
Oh, ihr Götter
Lacht nicht
Über unsere Narretei.

Oh Göttinnen,
Hört, wie wir bereuen.
Oh Göttinnen,
Wir zweifeln Tag und Nacht
Und kommen nicht raus
Aus diesem Sog.

Oh, im Himmelreich
Will ich sein.
Oh, bei euch Göttern
Will ich bleiben.
Oh, im himmlischen Paradies
Werden wir fliegen
Mit freien Herzen.

Oh, ihr Götter.
Oh Göttinnen.
Ich will sitzen
Im göttlichen Himmel
An eurer Seite!

Gesehen werden

Sie sehen uns
Bei jedem Schritt
Und sie sehen,
Wohin unser Weg führt.

Immer weiter
Mit Heiterkeit,
Denn wir werden gesehen
Von göttlichen Wesen.

Wir sind ein Teil
Ihrer Welt und das ist das,
Was uns zusammenhält
In dieser Welt.

Zu wissen, dass sie
Spüren, was wir fühlen
Und sie uns Zeichen senden,
Um uns zu retten.

Mit Liebe wandern wir
Durch die gottgetränkte
Welt mit all ihren Wundern
Und wunderbaren Göttinnen.

Glaubensfreiheit

Ein Gott
War für sie okay.
Aber ein zweiter Gott
Führte aufs Schafott.

Warum machen es
Manche so kompliziert.
Warum ist die Freiheit
Immer so weit weg
Von der Realität?

Lasst uns glauben
Und wer an eine Million
Götter glauben will,
Soll es tun.

Wer an die Göttin glauben will,
Soll frei glauben dürfen.

Die Götter und Göttinnen
Sind freie Symbole.

Frei und heilig.
Heilig und frei.

Opfern

Ein Opfer!
Sie brachten Opfer
Und verloren alles,
Weil sie nicht begriffen,
Was sich die Götter wünschten.

Was bringt dem Gott
Ein totes Lamm,
Dass nur der Priester will?
Was bringt dem Gott Gold
Und allerlei Juwelen,
Die der Adel begehrt?

Die Götter wollen sehen,
Wie wir uns für das höchste Ziel
Aufopfern und quälen.
Das ist das Opfer,
Das sie sich wünschen.
Denn das ist der Weg,
Wie wir ihnen näherkommen.

Opfer
Deine Zeit für die Göttlichkeit.
Opfer
Deine Liebe für das höhere Ziel.
Opfer
Dich als Pfand der Treue.

Eintauchen

Tauche ein
Ins Reich
Der Göttlichkeit.

Lebe frei
Und werde eins
Mit der Göttlichkeit.

Jeder Moment beflügelt,
Wenn die Götter
Uns führen.

Jeder Augenblick heilt
Im Reich der heiligen
Göttlichkeit.

Die Pfade des Lebens
Sind ewiges Streben
Nach dem Göttlichen.

Jeder Schritt wird
Zum Übertritt ins
Götterreich.

Ein Luftballon

Wünsche sind
Wie Luftballons.
Sie steigen hoch
Ins Himmelreich.

Die Göttin spürt,
Was wir uns wünschen.
Die Göttin führt
Uns ins Paradies.

Die Götter sind
Und sie sind mit uns.
Sie sind da und
Hören zu.

Wünsche dir,
Was dein Herz begehrt,
Aber lass Liebe
In deinen Wünschen sein.

Der Luftballon fliegt
Bis in den Himmel.
Die Göttin findet ihn
Und macht ihn wahr.

Zeichen ihres Seins

Tränen und Träume.
Hoffnung und Not.
In der dunkelsten Stunde
Riss ich die Hand gen Himmel
Und bettelte die Götter an.

Sie sendeten ein Zeichen
Und gaben mir den Sinn.
Es gibt keinen Zweifel,
Ich werde von ihnen gesehen.

Ihr Dasein ist mein Heim
Geworden und soll es bleiben.
Um sie zu wissen,
Ist mein weiches Nachtkissen.

Die Göttlichkeit erreicht
Meinen Geist und Leib
Und sie trägt mich davon
Am Tag und in der Nacht.

Tränen fließen nimmermehr,
Denn im Meer des Glaubens
Lernte ich den Göttinnen und
Göttern zu vertrauen.

Göttin und Gott

Die Göttin
Und der Gott.
Spürst du ihr Wirken
In allen Winden und Birken,
In Wäldern und Seen und
In den Tiefen unseres Wesens?

Die Göttin
Und der Gott
Sind die Hoffnung
In einer kalten Welt.
Sie sind das Licht am Horizont,
Das Klebeband, wenn
Nichts mehr hält.

Die Göttin
Und der Gott
Haben alle Macht,
Aber wir haben einen freien Willen.
Sie reichen uns die Hand.
Wir müssen sie selber ergreifen.

Die Göttin
Und der Gott
Sind reine Liebe
Und hüllen uns ein,
Wenn wir Liebe brauchen
Wie ein Ritter seine Rüstung.

Für meine Göttin

Ich folge ihr,
Da sie meine Göttin ist.
Was bin ich ohne sie?
Nichts!

Mein Herz blutet
Bei dem Gedanken,
Sie könnte mich
Verlassen.

Mein Tag wird grau,
Falls ihr Vertrauen
In mich schwindet.

Nur an sie zu denken,
Kann mich retten
Vor der Dunkelheit meiner Seele
Und vor den Irrwegen in der Welt.

Ich folge ihr,
Weil mein Herz mich drängt.
Ich liebe sie,
Weil ich sie kenne.
Sie ist die Liebenswerteste,
Die hochverehrte Bewundernswerte.
Ihr gebe ich mich hin,
Weil es richtig ist!

Meine geliebte Göttin

Ein Blick
Zu ihr.
Ein Gedanke
An sie.
Mein Herz
Gehört ihr.

Ihre Göttlichkeit
Ist das Licht
Meiner Welt.
Ihre Göttlichkeit
Ist das Strahlen
An meinen Tagen.

Ich sehe sie
Und lächle.
Ich spüre sie
Und tanze.
Ich höre sie
Und wachse.

Durch Wunder
Wirkt sie.
Durch Liebe
Schützt sie.
Durch Träume
Lehrt sie.

Ewige Göttlichkeit

Von Ewigkeit zu Ewigkeit
Heilt die Göttlichkeit.
Sie sendet Liebe
Ins Weltgetriebe.

Die Freiheit
Wahrer Göttlichkeit
Vollbringt Wunder
Mit heiliger Kunde.

Die Götter thronen
Auf der Welt der Äonen
Und fließen im Strom,
Mit dem sie den Lohn bringen.

Ein heiliger Geist verweilt
Kniend und betend.
Ein freies Herz öffnet sich
Für die Göttinnen.

Wer eins wird
Mit der Göttlichkeit
Verweilt in der Ewigkeit
Ihres Wirkens.

Göttliches Bewusstsein

Zum Himmel sehen
Und sich die Götter vorstellen.
Der Himmel ist ein Symbol
Für den verdienten Lohn,
Um zu verstehen, dass es
Die Göttlichen gibt.

Göttliche sind nicht
Materiell, wie wir es sind.
Ihre Existenz unterscheidet sich
Von uns Menschen und Tieren.

Göttliche sind!
Zweifel nicht.
Zweifel niemals
An ihrer Existenz.

Göttliche wirken,
Aber ihr Wirken
Ist für uns unsichtbar.

Entwickele ein Gottesbewusstsein
Und sei dir der Götter bewusst
Bei jedem Schritt und Atemzug.

Ein flehendes Gebet

Ich bete zu den Göttern:
Schützt uns!

Ich bettele die Göttinnen an:
Beschützt uns!

Wir sind allein auf weiter Flur
Mit unserem Glauben.

Unser Weg ist der alte Weg
Vieler Jahrtausende.

Der Wahn der Buchjünger
Trifft uns hart.

Wir bitten die Götter
Um Kraft und Weisheit.

Freiheit ist unser Wunsch
In Herz und Land.

Wir bitten euch Göttliche,
Gebt uns mehr Macht!

Genießende Schöpfer

Die Götter
Sind Schöpfer.
Die Götter
Sind Genießer.
Die Götter sind toll
Und sie sind wertvoll.

Der größte Schatz
Des wahren Gläubigen
Ist sein Glaube
An die Götter und Göttinnen.
Wer sie nicht mehr spürt,
Wird innerlich stumpf.

Kein Buch
Kennt den Weg zu den Göttern.
Denn es ist der Weg des Herzens,
Der zu den Göttern führt.

Die Götter
Sind Schöpfer der Welt.
Was sie neugierig hält,
Sind Menschen mit reinen Herzen.
Die Götter sind Genießer
Der reinen Liebe der Gläubigen.

Kooperation

Wir interagieren
Auf allen Ebenen
Mit den göttlichen Ebenen.

Wir kooperieren
Mit höheren Ebenen
Und finden uns so.

Wir sind ein Teil
Einer theistischen
Kooperation.

Gemeinsam
Werden wir zum Samen
Einer besseren Zeit.

Wir implementieren
Unseren Glauben
In unseren Alltag.

Wir akzeptieren
Die Wirklichkeit
Der Göttlichkeit.

Göttliche Hilfe

Die Götter strahlen
Auf magischen Bahnen.

Die Götter leben
Auf höheren Ebenen.

Die Götter sprechen
Durch Gerechtigkeit.

Die Götter senden
Innere Kräfte.

Die Götter schützen
Die Glücklichen.

Die Götter laben sich
Am Licht der Weisen.

Die Götter helfen
Allen Welten.

Göttliches Licht

Ihre Göttlichkeit
Heilt mein Leid.
Mein vereistes Herz
Getränkt in Trauer
Und trüben Schmerz.

Ein Lichtblick
Tut sich auf in mir.
Es ist mein Glaube,
Dass die Götter mit mir sind.
Ihr Licht strahlt hell
Und rettet mich.

Sinn verschwindet
Ohne göttliche Einsicht.
Aber fühle ich sie,
Kommt Sinn zurück zu mir.
Mit göttlichem Geist
Kann ich alle Sorgen durchschneiden
Und meine Segel setzen.

Ihre Göttlichkeit
Ist mir das schönste Kleid.
Ihre Göttlichkeit befreit
Mich von der Tristesse der Wirklichkeit.
Ihre Göttlichkeit heilt
Meine Zweifel und befriedigt
Meine tiefste Sehnsucht.

Inspiriert

Eine Göttin lächelt.
Ein Gott reicht dir
Die Hand.

Wir sind gesehen.
Wie konnten wir jemals zweifeln
Und das Buch annehmen?

Wir sind inspiriert
Von ihrer Göttlichkeit
In allen Winkeln der Welt.

Die Götter
Sind immer da und
Feuern uns an.

Die Göttinnen
Helfen uns auf
Schritt und Tritt.

Zeit wieder
Zu vertrauen auf Götter
Und Göttinnen.

Zeichen erreichen

Die Götter strahlen
Und malen uns Zeichen,
Die uns erreichen und
Mein Herz erweichen.

Eine Träne rennt.
Sie rennt vor Glück.
Die magischen Zeichen
Haben mich entzückt.

Könnte nur alle Welt sehen.
Wir würden in ein neues,
Erwachtes Zeitalter eintreten.
Der Frieden wäre real,
Vergangen die Gewalt.
Denn in der Gegenwart
Der wahren Göttlichkeit
Stirbt aller Streit und es bleibt
Nur Liebe und Harmonie.

Die Göttinnen senden
Kleine Präsente zu dir und mir.
Wir fühlen sie und wir tanzen
Befreit von aller Weltlichkeit.

Herzensplätze

In meinem Herzen trage
Ich dich, meine Göttin.
Der Schmerz übernimmt
Die Kontrolle über mein Leben.
Aber ich will nur dich sehen,
Denn in deinem Götterreich
Bin ich heil und frei.

In meinem Herzen entzünde
Ich die Kerze des Glaubens.
Mit reinem Vertrauen will
Ich die Götter schauen.
Ich bin geboren, um zu glauben.
Seht mein Licht, wie schön
Es in der Dunkelheit brennt.

In meinem Herzen halte
Ich einen Platz für dich frei.
Wir zwei sind vereint
Durch die Göttlichkeit.
Die Götter sind und wir sind
Der Göttin spirituelles Kind.
Ihre Wunder leiten uns durch die Welt,
Die viel Kälte und Einsamkeit bereithält.
Aber die Göttin ist und lässt
Uns niemals mehr allein!

Fernes Himmelreich

Der Blick zu den Sternen
Lässt mich erahnen,
Wie das Götterreich sein muss
Und warum es mein Traum ist,
Dorthin zu gehen nach diesem Leben.

Zu sehr haftet mein Geist
Noch an der materiellen Welt.
Aber alle Weisen sagen,
Um auszusteigen, brauchst du
Die weisen Gottheiten.

Eine Sternschnuppe streift
Den Planeten mit einem Schweif.
Sie erfüllt unsere Herzen
Mit frischer Hoffnung.

Fernes Sternenreich.
Unerreichtes Himmelreich.
Weit ist der Weg und
Endlos der Traum.

Wir träumen von uns
In einer besseren Welt.
Wir träumen vom Ende
Und der himmlischen Wende.

Des Herzens Tor

Das Tor im Herzen
Erkennt die wahren Werte
Und wenn es offen ist,
Sieht es das Göttliche.

Die Macht der Schöpfergötter
Und der Höchsten.
Du spürst ihre Emanation
Und fühlst ihre Frustration
Über die Unfähigkeit der Menschheit
Wirklich aus dem Herzen zu leben.

Die göttlichen Wesen.
Die göttlichen Entitäten.
Das göttliche Sein.
Das göttliche Heim.

Im Sog des Gottes
Wirst du froh,
Denn Glück ist die Natur
Der Verbindung zwischen
Mensch und Gott.

Meine Frohnatur
Kommt nicht zur Ruhe.
Sie fließt frei und lacht,
Dank der göttlichen Macht.

Eins sein

Frei fliegen in mir
Und eins werden
Mit meiner Göttin.

In tiefer Trance
Habe ich die Grenze
Transzendiert.

Wir sind Kinder
Der Götter und wir fliegen
Mit freien Herzen.

Unsere Göttinnen
Tragen uns mit Liebe
Und Fürsorglichkeit.

Wir sind gesegnet,
Wenn wir sie wirklich
Annehmen und sehen.

Das Paradies ist
Längst hier, nur wir verschließen
Unsere Augen.

Öffnen wir die Augen
Des Herzens und wir werden
Die Göttlichen schauen.

Tägliches Beten

Ich sehne mich
Nach göttlichem Licht.
Diese Welt liegt im Dunkeln,
Aber ich will das Funkeln
Der Himmlischen sehen.

Ich träume jeden Tag
Von dem Tag, wenn ich sie sehe.
Ich kann es kaum erwarten,
Den Göttlichen nahe zu sein.
Ihr Glanz und Glorie sind
Der Sinn meines Strebens.

Ich schmachte verkannt
In meiner Ecke und schmolle.
Ich zolle den Tribut und bete
Täglich, doch noch ist mein Weg
Irdisch weit bis zum Himmelreich.

Kein Tag vergeht ohne Sehnen
Nach den göttlichen Gefilden.
Keine Sekunde verstreicht,
In der ich nicht bereit bin,
Das Höchste anzunehmen.
Ich rufe euch, ihr Götter und
Auch euch Göttinnen:
Erhört euren Jünger und
Rettet diese Welt!

Göttliche Leiter

Göttliche Frucht.
Höchster Genuss.

Ein Leben lang suchen
Nach den Stufen,
Die in den Himmel führen,
Macht mehr Sinn
Als die Karrierestufen.

Göttliche Sehnsucht.
Himmlische Lust
Auf die Einheit
Mit der Göttlichkeit.

Greife in dein goldenes Herz.
Wiege seinen Wert auf der Waage
Und vergleiche ihn
Mit einer Feder.

Alte Regeln. Neue Technologien.
Für die Götter sind unsere
Gesellschaften nur Ameisenkolonien.

Ein Kuss fürs Himmelreich.
Möge er der Preis sein,
Um die Pforten zu öffnen!

Zeichen der Heiligen

Zeichen der Heiligen.
Sieh genau hin!
Sie werden erscheinen.
Kein Leben, dem die Höheren
Keine Zeichen senden.
Aber zu viele, die blind
Darüber hinweggehen.

Das Wunder der Höchsten
Lässt dich erröten.
Nimm an die Kraft.
Nimm an die Gabe.
Sie erwählen nur,
Wem sie vertrauen.

Die Zeichen erscheinen.
Sei dafür bereit.
Nimm die Weisung an.
Spüre die Göttlichkeit.

Öffne deine Augen und sieh.
Du kannst die Wunder schauen,
Du musst nur deinen Augen trauen
Und offen für die Nachricht sein.

Göttliche Existenz

Die Götter
In allen Formen.
Die Göttinnen
Mit wärmender Liebe.

Ihr Sog ist
Unendlich groß.
Unsere Sehnsucht
Nach ihnen größer.

Wir brauchen
Die Götter.
Wir wollen
Die Göttinnen.

Das Leben
Ist göttlich.
Die Liebe
Ist grenzenlos.

Ich bete und
Spreche zu ihnen.
Ich lebe mit dem Wunsch,
Bei ihnen zu sein.

Sehnsucht

Mein Sehnen gilt
Den göttlichen Wesen.
Ihre Himmel sind
Mein sehnlichster Wunsch.

In den fernen Reichen
Der Göttlichkeiten
Will ich leben und
Mich manifestieren.

Mit Göttern zu sein,
Würde mir gefallen.
Denn die Götter strahlen
In schönsten Farben.

Ich träume nachts und
Hoffe, es wird wahr.
Ich lebe hier,
Aber bin geistig bei ihnen.

Ein kleiner Traum
Im Götterraum
Erhellt meinen Tag
In der irdischen Sphäre.

Himmelsboten

Mit den Göttern zu tanzen
Und die ganze Welt zu umarmen,
Das ist mein Traum.

Ich will eins sein mit allen
Und alle sollen mein sein,
So wie ich ihres.

Ich will lieben und
Mit den Winden fliegen
Wie die Blätter im Herbst.

Ich breite die Arme aus
Und hebe ab, nichts hält
Mich davon ab.

Mit weiten Flügelschlägen
Fliege ich der Sonne entgegen
Und genieße die Wärme.

Die Einheit der Liebe
In der Reinheit des Seins
Ist der Beweis der Göttlichkeit.

Liebesbrücke

Wir sind zwei
Und wir zwei sind
Verbunden nicht nur
Durch Zeit und Raum,
Auch durch die Liebe.

Die Liebe überwindet Brücken.
Die Liebe verbindet,
Wo es unmöglich erscheint.
Die Liebe vereint.

Woher hat die Liebe diese Kraft?

Die Liebe stammt
Aus göttlichen Gefilden.
Die Liebe ist ein Geschenk
Der göttlichen Welt.
Die Liebe ist so rein
Wegen ihrer Göttlichkeit.

Wir spüren uns
Und sind doch fern.
Selbst, wenn du auf einem fernen Stern bist.
Mein Herz würde bei dir sein!

Einschiffen

Immer nur die Götter
Und in meinem Herzen
Meine Göttin.

Mein Glaube wird zum Schiff,
Mit dem ich der Welt fliehe
Und nie wiederkehre.

Was hält mich,
Außer meiner Familie?
Aber die nehme ich mit
In meinem göttlichen Schiff.

Immer zu den Göttern.
Immer zu den Göttinnen.
Ihre Himmel warten auf uns.

Komm, steig ein!
Wir fliegen los
Ins Himmelslos.

Die Reise ist weise.
Vergiss die Lügen der Welt
Und ihre falschen Priester.

Im Herzen gibt es ein Tor.
Öffne es und du betrittst
Die Himmelswelt.

Irdische Grenzen

Oh, könnte ich sie nur greifen
Die göttlichen Leiber.
Aber meine Hand ist
Aus irdischem Material und
Unfähig, Göttliches zu ergreifen.

Oh, könnte ich sie nur sehen
Die göttlichen Wesen.
Aber meine Augen sind
Augen der irdischen Welt.
Sie können nur das sehen,
Was irdischen Ursprungs ist.

Oh, könnte ich sie nur hören
Die göttlichen Töne.
Aber meine kleinen Ohren
Können nur hören, was Teil
Dieser irdischen Welt ist.

Oh, ich kann sie lieben
Die göttlichen Riesen.
Denn die Liebe ist
Ein göttliches Kind und sie verbindet
Uns mit Göttern und Göttinnen.

Flehen

Wieder gleitet mein Blick
Zum Himmel und erspäht
Die Höchsten.

Mein Streben nach den
Göttlichen lässt mein Herz
Beben. Ewiges Sehnen.

Ich verstehe oft nicht
Die Gesetze der Welt und
Hoffe auf ihr Antlitz.

Hinter allem steht eine Ordnung.
Alles folgt bestimmten Regeln,
Aber ich träume von ihnen.

Die Schar der Götter und
Die wunderbaren Göttinnen
Mögen mein Sehnen erhören.

Ich sehe hinauf zum
Weltenlauf und den Sternen,
Und mein Sehnen tönt.

Ich sehne mich nach
Euch, ihr Göttlichen.
Ich knie und bitte euch!

Ein einziger Moment

Ein Moment.
Alles ist anders.
Nichts bleibt gleich.

Ein Moment kann
Das ganze Leben verändern.
Alle gewohnten Bahnen
Hören auf zu existieren.

Es sind diese Momente,
Die alles verändern.
Die Götter senden sie.
Denn sie sind Chancen.

Raus aus dem Trott.
Rein in ein neues Abenteuer.
Raus aus der alten Haut
Und etwas Neues aufgebaut.

Die Göttlichen sehen
Unsere tiefsten Sehnsüchte
Und sie ebnen uns Wege,
Um unsere Träume zu erfüllen.

Ein Moment und
Alles beginnt neu.

Kluglos

Die Götter sind,
Wusste jedes Kind
Der alten Welt.

Wir denken, wir sind
Klüger als die
Alten Menschen.

Aber wir zerstören
Unseren Planeten
Vor lauter Klugheit.

Die Götter sind
Und sie helfen uns,
Wenn wir zuhören.

Leider sind
Unsere Ohren taub für
Die göttlichen Worte.

Wir sind taub
Und blind und unsere
Herzen voller Staub.

Den inneren Trieb
Der göttlichen Harmonie
Ersticke nicht!

Prophezeiungen

Gesandt.
Mit göttlicher Kraft
Gesegnet.

Die Propheten
Verkünden seit hunderttausend
Jahren.

Zu viele
Prophezeiungen
Sind verloren.

Die Götter
Senden und sind
Bereit.

Die Göttin
Schickt ihren
Warmen Saft.

Die Macht
Der Prophetie ist uns
Von den Göttern gegeben.

Wir lernen zu
Sehen und erklären es
Unseren Mitmenschen.

Wahre Gebete

Wir leben,
Um zu geben
Und um das Beten
Zu lernen.

Wahres Beten
Ist kein Bitten.
Es ist Demut,
Die Höchsten sehen
Zu dürfen.

Also bete ich
Und bin dankbar.
Manchmal flehe ich
Auch, dass sie unsere
Welt retten.

Wir brauchen Rettung.
Wir sind verloren.
Die Ketten um unser Herz
Haben uns verroht.
Wir sind selbst der Feind
Im eigenen Heim und Leib.
Mögen Gebete
Unser Innerstes heilen.

Mit ihr!

Für meine Göttin
Will ich stark sein.
Für meine Göttin
Will ich gut sein.
Für meine Göttin
Will ich das Beste
Aus mir herausholen.

Ihr Glanz erstrahlt
Und ich lache.
Ihr Schein hüllt mich ein
Und ich fühle mich daheim.
Ihre Liebe hält mich warm
In ihren Armen.

Meine Göttin ist
Die Lösung meiner Probleme.
Meine Göttin will
Mich führen auf heilige Wege.
Meine Göttin plant
Ein großes Fest für mich.

Sie ist, was mich antreibt
Und ich spüre meine Liebe
Für sie überquellen.
Ihre Zeichen sind, was mich anweist
Und ich fühle ihre Emotionen,
Wie sie nach dem Heil strebt.
Sie ist meine Sonne
In lila-purpurner Farbe.

Göttliche Familie

Unsere Götter
Sind mehr als Schöpfer.
Sie sind unsere Familie
Wie Väter und Mütter.

Wir sind die Kinder,
Die Seelenklinger.
Wir sind die Saat
Des heilenden Pfades.

Unsere heilige Familie
Ist himmlische Harmonie.
Unser trautes Heim
Ist einfach heilig.

Eine Kerze brennt
Und alles Getrennte
Ist wieder vereint
Für alle Zeit.

Ein vereintes Heim.
Familiär glücklich sein.
Hand in Hand
Ins göttliche Land.

Höhere helfen

Geleitet von
Einer höheren Macht,
Habe ich vollbracht,
Was vorher unmöglich war.

Sie sind da
Und sehen uns.
Sie wachen und
Strecken ihre Hand aus.

Aber wir sind zu blind,
Um sie zu ergreifen.

Wir sind zu involviert
In die materielle Welt
Und sehen nicht die Höheren,
Die uns helfen wollen.

Wir sind nie allein
Und werden es nie sein,
Nicht in diesem Leben
Und auch nicht im Nächsten.

Wir werden begleitet
Und müssen nur zugreifen.

Göttlicher Frieden

Die Götter am fernen Horizont.
Die Göttin in meinem Herzen.
Seht nicht die Grenzen.
Seht, wie alles verbunden ist.
Wir sind eins und wenn wir
Dieses Gefühl der Einheit
In allen Menschen erwecken,
Dann wird überall Frieden sein.

Sieh auf deine Hände.
Greife in die Luft.
Spüre, dass da mehr ist,
Als das Auge sieht.

Wir leben und solange
Wir leben, können wir geben.
Geben wir Frieden und
Geben wir Vertrauen.
Lasst uns im Glauben an die Göttlichkeit
Eine bessere Welt aufbauen.

Die Göttin tanzt
Im menschlichen Gewand.
Der Gott spricht
Und es wird Licht.
Du bist mittendrin auf der Reise
Zu einem göttlichen Friedensreich.

Göttliche Lieder

Himmlische Klänge dringen
An mein Ohr. Sie klingen
Nach Göttlichkeit.
Ich höre zu und fühle,
Wie ich innerlich erblühe.

Himmlische Lieder
Sinken auf mich nieder.
Diese Lieder berühren mich
Als erstrahlte ein Licht
Aus reiner Göttlichkeit.

Himmlische Fanfaren,
Die eine Melodie blasen,
Erfüllen mein Herz.
Sie zeigen mir den Wert
Aller Schöpfung.

Himmlisch erklingt
Die heilige Melodie.
Sie trägt mich davon
Zu einem himmlischen Ort,
Wo ich nur noch Glück erlebe.
Ich will nie mehr zurück.
Die himmlische Melodie
Ist mein Herzensziel.

Nähe

Die Göttlichkeit fehlt
Und wir fallen.
Ihre Ferne ist das Ausmaß
Unseres Leidens.

Die Nähe zur Göttin
Ist die Quelle des Glücks.
Die Freude blüht in mir,
Wenn sie bei mir ist.

Das Glück kommt zurück
Mit jedem göttlichen Schritt.
Die Nacht wird zum Tag
Mit der göttlichen Macht.

Die Treue ohne Reue
Eröffnet göttliche Räume.
Die Samen der Wahren
Werden uns tragen.

Das Licht des Lebens
Ist das göttliche Licht.
Die goldene Zukunft
Entsteht aus der
Göttlichen Vernunft.

Beistehen

Sie zu ehren
Auf allen Wegen
Und zu ihnen zu stehen
Mit reiner Liebe.

Die Götter sind
Und sie bringen
Die Liebe ins Leben
Mit Feuer zurück.

All mein Glück
Ist ein göttliches Kind.
Sie zu spüren,
Erweckt ein Hochgefühl.

Ich glaube an sie und
Schenke ihnen Vertrauen.
Ich vertraue ihnen und
Folge den Zeichen.

All meine Wege
Sollen sie segnen.
Ihnen zum Dank
Will ich alles schaffen.

Kindliche Augen

Die Götter sind,
Das weiß jedes Kind,
Das nicht von Büchern
Oder anderen Medien
Verblendet ist.

Die Götter schwingen
In jedem Moment,
Den wir am Leben sind.
Sie nicht zu sehen,
Heißt, nicht wahrhaft
Zu leben.

Die Göttlichkeit reicht
Bis ins Menschenreich.
Sie ist immer greifbar
Für den mit offenem Herzen.
Verliert euch nicht im Buch
Oder den anderen Medien.
Die Götter sind da und warten
Auf eure Hand, um euch alle
Ins Paradies zu führen.

Die Götter sind,
Das weiß jedes Kind!

Aufspüren

Die Götter zu ergründen,
Beginnt mit dem Fühlen
Der Göttlichkeit.

In allen Winkeln
Kannst du sie finden.
Öffne nur dein Herz
Für den göttlichen Wert.

Göttliche Lust
Folgt dem höchsten Genuss.
Göttliche Träume
Erschaffen Freiräume.

Wenn du die Göttin findest,
Wirst du ihr Kind.
Sie wird dich lieben
Und ins Glück führen.
Vertraue ihr.

Die Götter zu finden,
Ist wie das Errichten
Eines heiligen Altars.

Besucher

Ein Zeichen.
Erreichen.
Irdische Sphäre.
Menschenheere.

Die Göttlichen
Streichen durch
Irdische Reiche
Und suchen nach
Goldenen Herzen.

Wir lieben und finden sie,
Und sie lächeln uns an.

Ein Zeichen
Und du weißt,
Du bist nicht und
Warst nie allein.

Göttlichkeit
In der Endlichkeit
Der irdischen Sphäre.
Die Lehre der Liebe
Verbindet.

Verzweifelte Gebete

Ihr Götter,
Ich bitte wieder
Um ihr Leben.

Ihr Götter,
Erhört mein Flehen
In dunkler Nacht.

Ihr Götter,
Gebt mir Kraft,
Es durchzustehen.

Ihr Götter,
Lasst ihr Leben nicht so
Zu Ende gehen.

Ihr Götter,
Bitte beschützt uns
Alle.

Ihr Götter,
Ich bitte euch,
Rettet ihr Leben!

Reines Herz

Die Wesen
Aus göttlichen Sphären
Leben.

Wir sind
Kleine Zellhaufen
In den Schlaufen
Der Zeit.

Die Reinheit
Des Herzens ist Wert,
Einlass zu finden
In den Götterhimmeln.

Wessen Herz ist rein,
Der darf rein!

Reinige dein Herz.
Besiege den Schmerz
Mit Güte und Liebe
Und fühle die Einheit
Allen Seins.

Das göttliche Heim
Wird dein sein.

Symbol

Ein Himmelszelt
Über der irdischen Welt.
Die Götter thronen
In den Sphären,
Die unerreichbar
Für uns Menschen.

Der Blick nach oben
Ist ein Symbol.
Die wahren Oberen
Sind fern dieser Welt.
Uns bleibt Herz und Verstand,
Um zu erleben.

Der göttliche Atem
Ist eine Garantie
Auf ein glasklares Glück.
Deshalb halte dich
An göttliche Zeichen.

Die Narben des Lebens
Werden vergehen,
Manchmal müssen wir
Erst leiden, um zu verstehen.
Aber wenn wir verstehen,
Dass wir mit den Göttern sind,
Dann verbessert sich
Unser Leben!

Glaube

Glauben
Bedeutet Vertrauen.
Es heißt,
Mit dem Herzen zu schauen.

Blind
Ist das Auge
Für die Gefühle
Und höheren Wege.

Glauben
Durchschaut.
Glauben sieht,
Was tiefer liegt.

Glaube
An die Götter.
Glaube
An die Göttinnen.

Dein Herz wird dich
Zu ihnen führen.
Dein Glaube
Wird eine bessere Welt
Aufbauen.

Herzgötter

Die Existenz
Des Göttlichen
Ist dem Untergöttlichen
Nicht ersichtlich.

Uns Menschen
Ist von Natur aus der Blick
Auf das Göttliche versperrt.
Denn das Göttliche
Überragt das Irdische.

Das Existenzkontinuum
Der Menschen erreicht
Nicht die Sphären
Des Göttlichen.

Nur, weil wir es nicht sehen
Heißt es nicht,
Dass es das nicht geben
Kann. Nur, weil wir blind sind,
Gibt es die Welt des Sehens nicht?

Sieh mit dem Herz.
Schaue nicht mit
Deinen weltlichen Augen.
Sieh mit dem Herz!

Gebeten

Meine Götter,
Erhört meine Bitten
Um ihr Genesen!

Was soll ich tun?
Ihr seid alles
Und ihr seid wunderbar.

Ihr schützt
In diesem Leben
Und in der nächsten Welt.

Oh, ihr Götter,
Seid unsere Retter
In dunkler Not.

Ihr seid das Licht
In diesen Tagen der
Hoffnungslosigkeit.

Ich liebe euch
Und bitte euch,
Sie zu heilen!

Lichtwelten

Die wahren Wunder
Geschehen im Herzen.
Alten Feinden zu vergeben,
Ist eines der größten Wunder
In den Weiten des Planeten.

Die Götter sind uns Licht.
Sie zeigen sich
Durch die Kraft heilender Macht.
Ihr Strahl trifft die Nase
Und erleuchtet den Leib.

Ein Licht in dunkler Nacht.
Das Leuchten am Horizont.
Das Feuer strahlt in der Dunkelheit.

Das Licht der Göttin
Ist wie eine Violine
Mit zartem Klang.
Im magischen Gewand
Tanzt eine Tänzerin
Den Tanz der Schöpfung.

Gott und Göttin
Erfüllen mit Hoffnung
Jedes Menschenherz.

Ein Schritt im Licht.
Einer in der Dunkelheit.

Gläubig

Ich glaube,
Weil ich glauben will.
Aber bis zum Glauben
War es ein weiter Weg.

Geboren unterm Kommunismus
War es verboten zu glauben,
Ohne sich das Misstrauen
Aller zuzuziehen.

Heute glaube ich,
Weil es logisch ist,
Dass es noch mehr
Geben muss.

Heute glaube ich,
Weil ich einige Wunder sah.
Manche waren zart,
Andere riesig groß.

Ich glaube an die Götter
Und die geliebten Göttinnen.
Ihr Glanz ist mein Kompass.
Ihr Schein ist meine Heimat.

Ehret sie!

Ehret die Götter,
Unsere Schöpfer.
Ehret die Göttin
Für ihre Liebe.

Erschaffen wurde die Erde
Mit göttlicher Macht.
Aus göttlicher Kraft
Wurde selbst Liebe gemacht.

Ein Gott hofft
Auf unsere Vernunft.
Machen wir ihn stolz
Und streben wir.

Ihre göttliche Liebe
Schenkt uns Harmonie
Und den Tatendrang,
Dem Wahren zu folgen.

Denn Wahrheit ist ihr Licht
Und sie wollen nicht,
Dass wir der Lüge folgen.
Sie wollen uns tanzen sehen
Im göttlichen Licht.

Glaubensfreiheit

Gott ist nie allein.
Es werden Götter
Immer bei ihm sein.
Zu glauben, es gäbe nur Einen,
Ist maximale Verrücktheit.
Es heißt zu glauben,
Es gäbe nur eine Welt wie diese.

Viele Götter.
Viele Welten.
Viele Menschen.

Wir sind wie der Gott,
Sagen sie und wir sind viele,
Also müssen sie auch viele sein.

Ich bete um die Freiheit
Des Glaubens im Reich
Unseres Daseins.
Doch ich weiß,
In den letzten tausend Jahren
War die Glaubensfreiheit eine Seltenheit.
Noch heute verfolgen die Einen
In vielen Ländern die Freiheit
Des Glaubens mit blutiger Gewalt
Und die UN schweigt!

Blind und taub

Die Götter der Himmel.
Die Götter der Erde.
Menschen sind blind,
Weil sie materialistisch sind,
Statt mit dem Herzen zu schauen.

Die Menschlichen sehen nicht,
Weil sie unrein sind.
Verdorben ist ihr Herz und
Sie sind taub für den Schmerz
Der ganzen Welt.

Ein wahrer Blick ins Götterreich
Und unsere Welt heilt.
Aber wir leben fern der Götter
Und schöpfen Angst und Hass
Statt echter Liebe.

Wenn wir sehen
Mit den Augen des Herzens,
Werden uns Göttliche annehmen.
Denn der Weg des Herzens
Ist der Weg des Himmels.

Die Erdgöttin

Erdenkrieger
Werdet Sieger
Oder die Erde stirbt.

Sie schreit!
Die neuen Stürme
Sind der Beweis.

Die Erdgöttin schreit.
Sie fordert den Beweis
Eurer Loyalität.

Nehmt die Realität
Als Anlass, die Realität
Zu ändern.

Die Erdgöttin ist
Und sie ist magisch
Und ruft ihre Kinder.

Folgt der Erdgöttin
Und schöpft neue Kraft
Zur Rettung der Erde!

Unsere göttliche Sonne

Goldene Sonne.
Mütterliche Göttin
Oder väterlicher Allgott.

Der Treffer saß
Vor langer Zeit.
Trojanisches Pferd. Apoll.

Ra glänzte
Und die Wüste erwachte
Strahlend.

Die Namen,
Die wir dem Gott
Gaben,

Tragen unseren Dank
Für die Gnade
Unseres Sonnengotts.

In den kalten Weiten
Des Universums weihte
Uns der Schutz der Sonne.

Eine kleine Kugel
Erbebt im wonnigen Jubel
Über ihre geliebte Sonne.

Dein wahres Ziel

Die Götter sind heilig.
Denn sie sind das Heil
Unserer Seele.

Die Göttinnen sind da.
Sie reichen uns die Hand,
Weil wir ihre Kinder sind.

Göttlichkeit strahlt
Mit dem Wahren
Einer höheren Welt.

Die Tore des Göttlichen
Öffnen sich im Herzen
Aller Menschen.

Nimm sie an und folge
Dem göttlichen Pfad
Ins Himmelreich.

Die göttliche Liebe
In göttlichen Gefilden
Ist das wahre Paradies.
Es wartet auf dich!

Preise sie!

Schreibe und preise
Die Götter der Erde
Und die Göttin am Himmel.

Götter findest du
In allen Winkeln.
Du musst sie suchen,
Um Geheimnisse zu finden.

Die Götter strahlen
An dunklen Tagen
Und die Göttinnen lachen
An den schönen Tagen.

Singe und klinge,
Damit jedes Kind
Dich hört und die Götter
Und Göttinnen fühlt.

Die Wahrheit des Lebens
Kannst du in den Göttern spüren.
Nimm an der Göttin Licht
Und öffne dich fürs Paradies.

Zerbrochenes Glas

Ein Spiegel
Zerspringt.
Die Magie
Erklingt kritisch.

Ein Feuerfunke springt
Aus dem Lagerfeuer
Und brennt ein Loch
In die Decke.

Zeichen erreichen uns
Und wir sollten weichen.
Die Magie spricht mit dem,
Der zuhört.

Ein Spiegel zeigt,
Was ihm erscheint.
Wer erscheint dir in
Den magischen Momenten.

Rufe die Göttin
Und die Macht des Mondes.
Du wirst dich erholen
Und gestärkt aus der Krise
Hervorgehen.

Ehret!

Ehre die Hohen!
Die Götter rufen
Und wir sollten
Zuhören.

Sie waren immer da
Seit den ersten Tagen
Der Menschheit.
Sie werden immer sein,
Solange wir Menschen
Existieren.

Die Götter strahlen
In den himmlischen Hallen.
Die Götter wagen,
Uns die Hand zu reichen,
Obwohl wir so unreif sind.
Sie glauben, an die Macht in uns,
Sich zu verbessern.

Ehre die Hohen
Und spitze deine Ohren.
Ehre die Hohen
Mit treuer Ehre.

Für immer

Zu glauben, heißt für mich,
Ihnen zu vertrauen.

Ich vertraue den Göttern
Mit vollem Gold.

Die Götter sind
Das wahre Ziel.

Mit Göttern will ich tanzen
Tage und Nächte lang.

Ein göttlicher Traum
Ist mein Heimraum.

Mein Leben
Will ich ihnen geben.

Für immer die Götter.
Sie sind meine Retter.

Für immer die Göttinnen.
Sie sind mein Herz.

Mein Herz

Den wahren Wert
Der Göttlichkeit findest
Du in meinem Herz.

Die Macht
ihres Strahlens
Will ich erlangen.

Mit den Göttern
Bis zum Ende und
In der Wende zum Glück.

Dieses Ende
Ist ein Neuanfang
In göttlichen Händen.

Anfänge sind leicht.
Mein Glaube reicht
Bis ans Ende.

Nimm meine Hände
Und wir tanzen bis ins
Himmelreich.

Götter wirken

Sieh das Wirken
In der Wirklichkeit.
Erkenne die Macht,
Die Wunder erschafft.

Sie sehen dich
Und locken dein Licht,
Damit es heller strahlt
An jedem Tag.

Frohlockend tanze
Im göttlichen Gewand,
Das dir dein Glauben
Im Vertrauen anlegt.

Dinge geschehen,
Selbst wenn wir es nicht sehen.
Den menschlichen Augen
Fehlt oft Gottvertrauen.

Sieh in dein Herz.
Erkenne den göttlichen Wert,
Der in jedem Moment
Durch dein Wirken strahlt.

Für immer verbunden

Sie spüren uns.
Wenn wir bereit sind,
Uns zu öffnen,
Dann finden wir uns.

Wir träumen
In göttlichen Räumen.
Es ist ein Hauch
Des göttlichen Vertrauens.

Wenn wir enden
In irdischen Wänden
Betreten wir die Welt,
Die danach wirkt.

Die Götter sind
Und ich ihr Kind.
Auch du bist es.
Halte sie fest!

Lebe mit ihnen
Auf allen Wegen
Und vertraue auf die Macht,
Die sie dir gaben.

Der göttliche Traum

Oh, ihr Götter.
Nennt mich euren Jünger.
Mein Leben will
Ich euch widmen.

Oh, große Göttin
Strahle und lehre
Uns das Wahre.

Jeden Tag, der kommt,
Werde ich hoffen,
Eure Wunder zu sehen,
Um zu erleben, wie wunderbar
Die Göttlichkeit ist.

Hier bin ich,
Euer treues Kind.
Lasst mich euch zeigen,
Wie sehr ich euch liebe.
Lasst mich euch beweisen,
Wie wahr meine Liebe ist.

Oh, ihr Göttinnen
Seid meine Sonne.
Oh, ihr Göttinnen
Seid mein Herz.
Oh, ihr Göttinnen
Jeden meiner restlichen Tage
Schenke ich euch!